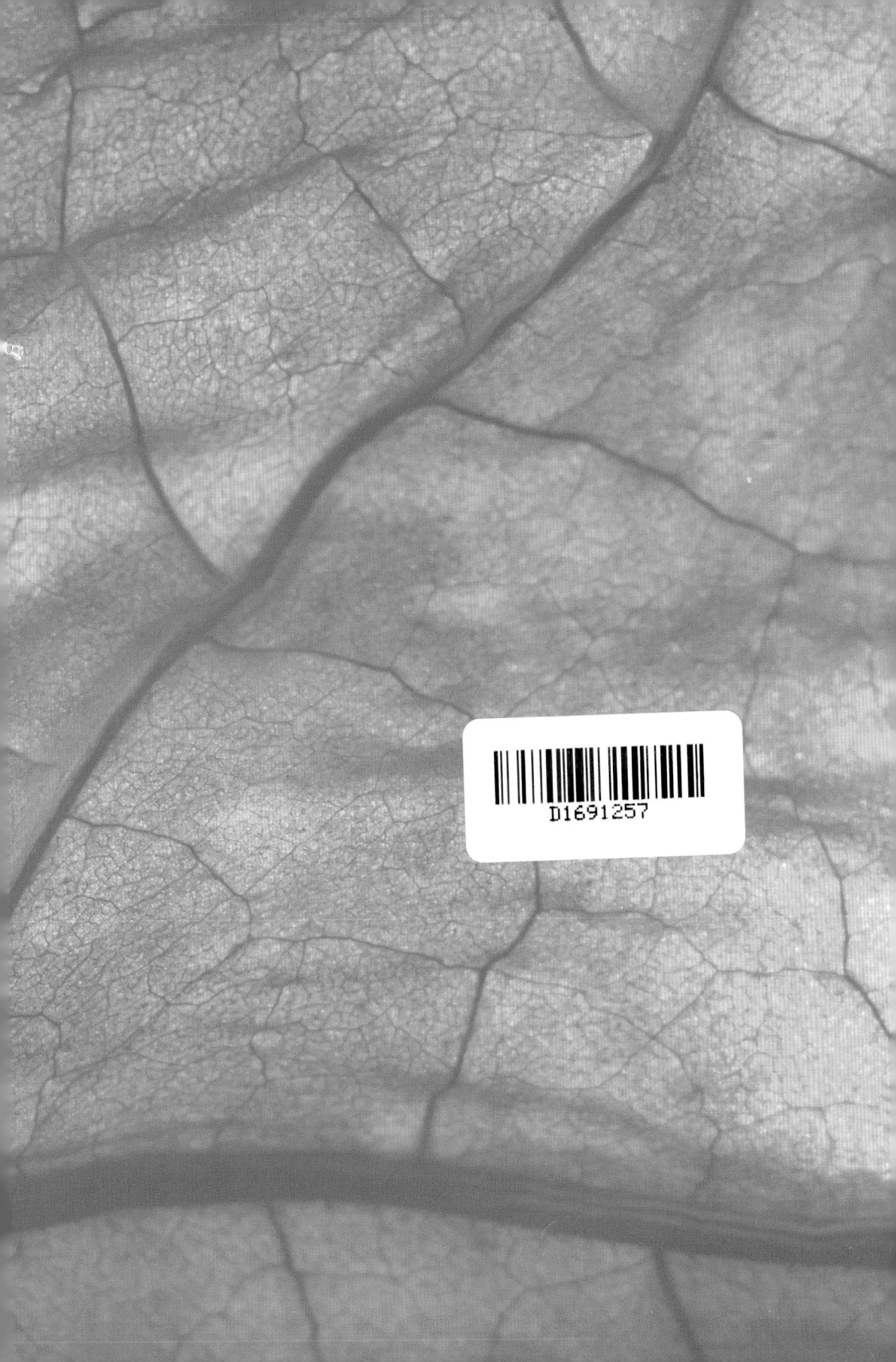

Maria Heidegger, Marina Hilber

Tiroler Zigarren für die Welt

Maria Heidegger, Marina Hilber

TIROLER ZIGARREN
für die Welt

Die Geschichte der
Schwazer Tabakfabrik
1830–2005

Herausgegeben und mit einem Vorwort von
Günther Berghofer

Tyrolia Verlag · Innsbruck–Wien

Gedruckt mit freundlicher Unterstützung durch das Land Tirol und die Stadt Schwaz.

1. Auflage 2021
© Verlagsanstalt Tyrolia Gesellschaft m.b.H.
Bildrecherche: Gerhard Siegl, Ricarda Hofer
Umschlaggestaltung und Layout: Fabio Azzolini
Druck: Finidr (CZ)
ISBN 978-3-7022-3912-1

E-Mail: buchverlag@tyrolia.at
Internet: www.tyrolia-verlag.at

Inhalt

1. Der Appetit des Staates:
   Die Einführung des Tabakmonopols in Österreich ... 11

2. Vom Schnupftabak zur Zigarette:
   Wandel der Konsumgewohnheiten ... 19

3. Die Napoleonischen Kriege
   und die Zerstörung von Schwaz ... 23

4. Die Erweiterung des Tabakmonopols nach Tirol ... 29

5. Gründung der Tabakfabrik Schwaz im Jahr 1830 ... 35

6. Die Virginier des Bürgers, das Lauskraut des Bauern:
   Eine Zeit der Revolutionen ... 45

7. Die Tabakfabrik Schwaz
   in der zweiten Hälfte des 19. Jahrhunderts ... 57

8. Arbeitsbedingungen um die Jahrhundertwende
   bis zum Ersten Weltkrieg ... 67

9. Zigaretten für die Front:
   Die Tabakfabrik im Ersten Weltkrieg ... 81

10. Die Schwazer Tabakfabrik in der Zwischenkriegszeit ... 85

11. Die Schwazer Zigarettenproduktion
    im Zweiten Weltkrieg ... 107

12. Aufschwung und Technisierung
    in den Nachkriegsjahrzehnten ... 117

13. Vom Krisenbetrieb zum Vorzeigewerk (1970–1997) ... 133

14. Von der Privatisierung bis zur Schließung
    der Schwazer Tabakfabrik ... 145

15. Stadtgalerien und SZentrum – Nachnutzung des Areals ... 153

Die Tabakpflanze Nicotiana wird schon in alten Kräuterbüchern als heilkräftiges „Wundkraut" beschrieben.

Vorwort

Die Schwazer Tabakfabrik – im Volksmund liebevoll „Tschiggin" genannt – war für über 175 Jahre einer der wichtigsten Betriebe innerhalb des Stadtgebiets. Nachdem die Napoleonischen Kriege 1809 Schwaz in Schutt und Asche gelegt hatten, herrschten für viele Jahre Arbeitslosigkeit, Hunger und Not in der einst blühenden Silberstadt. In dieser äußerst schwierigen wirtschaftlichen Lage verhalf die Errichtung der Tabakfabrik im Jahr 1830 Schwaz zu einem neuen Aufschwung und der Bevölkerung zu Arbeitsplätzen und damit zu Brot und Wohlstand.

In ihren Glanzzeiten bot die Fabrik über 1200 Arbeitsplätze für Männer und – vor allem – Frauen aus Schwaz und der unmittelbaren Umgebung und sicherte damit das Einkommen für zahlreiche Familien. Gegen Ende des 19. Jahrhunderts war beinahe ein Drittel der Schwazer Bevölkerung in der Zigarettenfabrik beschäftigt. In den Jahren nach dem Ersten Weltkrieg ließ die sehr sozial eingestellte Werksleitung Wohnhäuser für die Arbeiter errichten – u. a. den Dorrek-Ring und den Wlasak-Hof – und setzte damit auch Impulse in der Stadtentwicklung, die bis heute nachwirken.

Nach dem Zweiten Weltkrieg stieg die Produktion weiter an. Die Austria Tabakwerke, ein staatlich geführtes Unternehmen, produzierten in Schwaz bis zu 5,5 Milliarden Zigaretten pro Jahr, die in ganz Europa vertrieben wurden. Umso tiefer war der Einschnitt, als die Austria Tabak privatisiert und im Jahr 2001 vom britischen Gallaher-Konzern übernommen wurde. Der neue Eigentümer gab zwar für die Schwazer Tabakfabrik eine Beschäftigungs- und Standortgarantie bis zum Jahr 2004 ab, kündigte jedoch unmittelbar nach Ablauf dieser Frist die Schließung der Produktionsstätte und den Verkauf des Grundstücks mit den Werksgebäuden an. Damit ging eine 175 Jahre dauernde Erfolgsgeschichte zu Ende. Die zu diesem Zeitpunkt verbliebenen 80 Mitarbeiterinnen und Mitarbeiter verloren ihre Arbeitsplätze, die Stadt Schwaz – die als Bezirkshauptstadt, Schulzentrum und Industriestandort große Bedeutung für die gesamte Region besitzt – büßte einen wesentlichen Wirtschaftsfaktor ein.

Durch die Schließung der Tabakfabrik lag im Zentrum der Stadt ein fast zwei Hektar großes Areal brach. Um Vorgaben für die künftige Nutzung dieser Fläche festzulegen, erstellte die Stadtgemeinde Schwaz auf Grundlage einer Bestandsaufnahme ein städtebauliches Konzept. Darin wurden ein Einkaufszentrum, Büro- und Dienstleistungsbetriebe, ein Veranstaltungszentrum sowie Wohnungen und eine angemessene Tiefgarage angedacht.

Aus meiner jahrzehntelangen Verantwortung als Unternehmer und Geschäftsführer der ADLER-Werk Lackfabrik sowie als langjähriger Gemeinde- und Stadtrat in meiner Heimatgemeinde war mir bewusst, welch enorme Bedeutung solide und gesunde Unternehmen als Wirtschaftsfaktor und Arbeitgeber für die ganze Region haben. Außerdem war mir schon lange ein Dorn im Auge, dass durch die Errichtung großer Einkaufszentren am Stadtrand die Kaufkraft zunehmend aus der Innenstadt abfloss. Ich war überzeugt, dass sich auf dem Tabakfabrik-Areal für die Stadtgemeinde Schwaz eine Jahrhundertchance für eine zukunftsweisende städtebauliche Entwicklung ergab. Daher beteiligte ich mich mit der von mir 1996 gegründeten Berghofer Privatstiftung an der Ausschreibung zum Verkauf des Areals und erhielt im Juli 2006 den Zuschlag.

Damit begann eine lange Planungsphase, in der das Entwicklungskonzept für ein modernes innerstädtisches Einkaufszentrum ausgearbeitet, der Architektenwettbewerb ausgeschrieben und eine Vielzahl von Gutachten und Genehmigungen eingeholt wurden. Es versteht sich von selbst, dass ein Projekt in dieser Größenordnung immer wieder zu Diskussionen und Kontroversen führt. Letztendlich konnte mit den Entscheidungsträgern der Stadt Schwaz aber stets ein konstruktiver Kompromiss erzielt werden.

2010 wurde schließlich mit dem Bau der „Stadtgalerien Schwaz" sowie des mit der Stadt gemeinsam geplanten Veranstaltungszentrums „SZentrum" begonnen. 2012 wurden die Stadtgalerien Schwaz eröffnet und sorgen seither durch einen gut abgestimmten Branchenmix für eine positive Entwicklung und wertvolle Impulse: als Wirtschaftsfaktor, als Arbeitgeber, vor allem aber auch als moderner Marktplatz im Zentrum der Stadt und als Begegnungsort für die gesamte Region.

Es war mir als Investor ein Herzensanliegen, das Andenken an die Tabakfabrik – deren Erfolgsgeschichte die Stadtgalerien Schwaz gewissermaßen fortsetzen – lebendig zu halten:

Aus diesem Grunde richteten wir 2014 im südseitigen Eingangsbereich des Einkaufszentrums einen Erinnerungsort ein, an dem historische Fotos, Schautafeln und im Mittelpunkt ein Kunstwerk des bekannten Tiroler Bildhauers Helmut Millonig die Geschichte der Tabakfabrik erzählen.

Ein Teil des Andenkens an die Tabakfabrik soll auch das vorliegende Buch sein: Mit fundiertem historischem Wissen und zahlreichen Fotos – viele davon werden auf den folgenden Seiten erstmals veröffentlicht – erzählen die Autorinnen sehr lebendig die Geschichte der Tabakfabrik und ihrer wirtschaftlichen, gesellschaftlichen und kulturellen Bedeutung für die Stadt Schwaz.

Ich wünsche diesem Werk eine zahlreiche Leserschaft – und Ihnen allen, den Leserinnen und Lesern, interessante Einblicke in die einzigartige Geschichte der einstmals so bedeutenden Schwazer Tabakfabrik.

Günther Berghofer

1809 Am 15. Mai werden in der einst blühenden Silberstadt Schwaz während der Sturmangriffe der Bayern und Franzosen 440 Häuser in Schutt und Asche gelegt.

Ein Erinnerungsort in den Stadtgalerien Schwaz, gestaltet von Helmut Millonig, hält die Geschichte der Schwazer Tabakfabrik lebendig.

1828 Kaiser Franz I. weitet das Tabakmonopol auf Tirol aus und lässt auf diesem Gelände eine Tabakfabrik errichten.

1847 Durch Grundzukäufe und Ausbauten wird die Produktion laufend erweitert.

1899 Die Zahl der Beschäftigten – vorwiegend Frauen – erhöht sich von ursprünglich 50 auf 1220 Personen: ein Drittel der Schwazer Bevölkerung.

1920 Die sehr sozial eingestellte Werksleitung errichtet Arbeiterwohnhäuser wie die Dr. Dorreksiedlung und den Wlasakhof.

1984 2 Milliarden Zigaretten werden jährlich hergestellt // 1899 waren es drei Millionen.

1997 Der Staatsbetrieb sieht aufgrund der erfolgten Privatisierung einer ungewissen Zukunft entgegen.

2001 Der britische Konzern Gallaher übernimmt das Schwazer Unternehmen mit Beschäftigungs- und Standortgarantie bis 2004.

2005 Nach Auslaufen dieser Frist wird das Werk geschlossen. Damit geht die 175 Jahre dauernde Ära der Schwazer Tabakfabrik zu Ende.

2012 Das Einkaufszentrum „Stadtgalerien Schwaz" sowie das Veranstaltungszentrum werden eröffnet.

1 Der Appetit des Staates: Die Einführung des Tabakmonopols in Österreich

Das Wort „genießen" ist sprachgeschichtlich verwandt mit „genesen". Ob jedoch Tabakgenuss uns Menschen guttut, darüber schieden sich bereits in früheren Zeiten die Geister. Tatsächlich wurde Tabak in Europa zuerst als hochpreisige und wertvolle Apothekerware gehandelt – wie Zucker und Schokolade. Er kam aus Amerika, wo er geraucht, gekaut und geschnupft wurde, auf unseren Kontinent. Als Heil- und Zierpflanze gelangte er von dort in die Gärten Portugals und Spaniens.

Angeblich brachten Bauern aus der Pfalz um das Jahr 1570 die ersten Tabakpflanzen in das Gebiet der österreichischen Kronländer; ausreichend belegen lässt sich dies allerdings nicht. Sicher ist aber, dass bereits um diese Zeit der Tabakkonsum – geschnupft oder geraucht – rasant anstieg und dann im 17. Jahrhundert bereits in allen sozialen Schichten verbreitet war, bei Männern wie bei Frauen.

In den deutschsprachigen Ländern verbreitete sich die neue Mode des Tabakrauchens insbesondere durch den Dreißigjährigen Krieg (1618–1648), als Söldnerheere brandschatzend und plündernd quer durch Europa zogen und dabei ihr „Soldatenkraut, als der Soldaten gewöhnliches Confect"[1] (Abraham a Sancta Clara) mit sich führten. Die Obrigkeiten in Städten und Ländern versuchten anfänglich noch vielfach, den Tabakkonsum zu verbieten – nicht zuletzt wegen der Feuergefahr, die von den Rauchenden ausging. Aber schon bald nach dem Dreißigjährigen Krieg überwog der Appetit des absolutistischen Staates auf Steuereinnahmen die feuerpolizeilichen Bedenken.

Tabak war im Vergleich zu anderen Genussmitteln für die Konsumenten relativ billig. Das blieb so, bis dem Eigenanbau der Tabak-

Zeichnung der Tabakpflanze Nicotiana rustica.

Ein Offizier raucht eine weiße Tonpfeife, um 1703.

pflanze in Bauerngärten ein Riegel vorgeschoben, Tabak schrittweise staatlich besteuert und der Tabakhandel monopolisiert wurde. In einzelnen Provinzen des Habsburgerreichs wurden seit 1662 gegen eine jährliche Pacht an Unternehmer staatliche Privilegien beziehungsweise Monopole für Einfuhr, Fabrikation und Verschleiß beziehungsweise Handel von Tabak erteilt, zum ersten Mal übrigens in Görz, Gradiska und in Tirol. Im barocken Österreich nannte man eine solche Pachtkonzession staatlicher Einnahmequellen und Abgaben „Appalt" – das Wort leitet sich aus dem italienischen „appalto" ab, was Auftrag oder Auftragsausschreibung bedeutet. Vorbilder waren Mantua und Venedig, wo man den Tabak als ergiebige Steuerquelle bereits früh schätzte. In Tirol wurde das 1662 eingeführte Appaltsystem nach venezianischem Muster allerdings gleich wieder abgeschafft, und zwar auf Druck der Tiroler Landstände. In anderen österreichischen Erbländern konnte sich dieses Steuer- und Vertriebsmodell weitaus länger halten, wohl auch deshalb, weil sich Teile des Hochadels schon bald an diesem lukrativen Geschäft beteiligten.

Im Jahr 1701 errichtete schließlich Kaiser Leopold I. per Generalpatent das erste staatliche Tabakmonopol. Die Einhebung des sogenannten Gefälles – der Monopolsteuer – wurde gegen jährliche Pacht an eine Gesellschaft von Pächtern übertragen. Federführend beteiligt waren wiederum österreichische Adelsfamilien, die einen Teil ihres Reichtums dem ständig steigenden Tabakkonsum in der Bevölkerung verdankten.

Für Qualität und Preis der Appaltotabake hagelte es allerdings Kritik. Unter dem Druck zahlreicher Beschwerden erließ Kaiser Leopold I. daher nur wenige Jahre später das Patent vom 5. Oktober 1704, das einen Systemwechsel zumindest ankündigte. Ab nun sollten Produktion und Verschleiß beziehungsweise Handel von Tabak gegen eine Lizenzgebühr und Entrichtung der Einfuhrzölle dem bürgerlichen Gewerbe geöffnet werden. In der Durchführung haperte es jedoch. Nachdem die Steuereinnahmen in der Folge drastisch zurückgingen, verabschiedete als nächster Herrscher Kaiser Karl VI. in den Jahren 1723, 1725 und 1733 verschiedene Monopolgesetze und führte vor allem verschärfte Steuergesetze ein. Außerdem gründete er im Jahr 1723 die kaiserliche Tabakmanufaktur in Hainburg, die erste ärarische, d. h. dem Staat gehörende Tabakfabrik.

All diese frühen, noch wenig erfolgreichen Versuche einer staatlichen Tabakregie basierten auf der Grundlage eines einheitlichen Gefällsgebiets, zu dem Tirol aber noch nicht gehörte. Innerhalb dieses Gebiets wurde das Tabakmonopol immer wieder zugunsten von Privilegien der Landstände aufgehoben, die ihrerseits zur Aufbringung der Pacht eine Tabaksteuer einhoben, die letztlich auch Nichtverbraucher bezahlen mussten. Diese Steuerlast bildete neben Einschränkung beziehungsweise Verbot des Eigenanbaus von Tabak ein

Schneidegerät aus dem Jahr 1769, mit dem die Tabakblätter auf die gewünschte Länge geschnitten wurden.

David Teniers d. J. (1610–1690): Die Raucher.

Wir Joseph der Zweyte,

von Gottes Gnaden erwählter römischer Kaiser, zu allen Zeiten Mehrer des Reichs; König in Germanien, Hungarn und Böhmen ꝛc.; Erzherzog zu Oesterreich; Herzog zu Burgund und zu Lothringen ꝛc. ꝛc.

Nachdem Wir das bisher verpachtete Tobakgefäll unmittelbar durch eine eigene Direction verwalten zu lassen den Entschluß gefaßt haben, und dieses durch gegenwärtige Verordnung bekannt machen; so wollen Wir zugleich die Versicherung beyfügen, daß diese Abänderung keinesweges auf eine Erhöhung des Gefälls, sondern vielmehr dahin abziele, den von der eigenen Verwaltung erwarteten größeren Nutzen zum Besten der Staatsbedürfnisse, und, wenn es die Umstände gestatten werden, zur allgemeinen Erleichterung anzuwenden.

Damit aber nicht etwa jemand auf den Wahn geführet werde, als ob durch diese neue Behebungsart die Einfuhr, der Anbau und Verkauf des Tobaks freygegeben, und die ehemahls gegen die mannigfaltigen Hinterführungen dieses Gefälls gemachten Vorkehrungen und darauf verhängten Strafen aufgehoben worden; so finden Wir nöthig, jedermann über die bey der Tobakgefällsverwaltung für künftig festgesetzte Ordnung unterrichten zu lassen.

§. 1.

Niemand ist berechtiget, rohen oder fabricirten Tobak aus fremden Ländern und aus Unsern hungarischen, italiänischen, niederländischen, tyrolischen oder vorderösterreichischen Staaten, die, weil die Tobak-Administration darin nicht eingeführt ist, in Ansehen dieses Gefälls wie fremde Länder betrachtet

Tabakmonopol Kaiser Josephs II., Österreichischer Regierungsdruck, 8. Mai 1784.

Gegeben in Unserer Haupt- und Residenzstadt Wien den 8. Tag des Monaths May im siebenzehnhundert vier und achtzigsten; Unserer Regierung, der römischen im zwanzigsten, und der erbländischen im vierten Jahre.

Joseph.

Leopoldus Comes à Kolowrat,
Reg^{is} Boh^{iae} Sup^{us} et A. A. pr^{mus} Canc$^{ius.}$

Johann Rudolph Graf Chotek.

Tobias Philipp Freyherr v. Gebler.

Ad Mandatum Sacrae Caesareo-
Regiae Majestatis proprium.

Friedrich v. Eger.

Motiv für nicht wenige frühneuzeitliche Konflikte mit der Obrigkeit. Unter Maria Theresia wurden neue Methoden ausgearbeitet, um dem Staat die Kontrolle über diverse Verpachtungsgesellschaften und die Gewinne für die Staatskasse zu sichern: 1764 wurde das Tabakmonopol im alten Umfang erneuert und 1767 die Organisation samt Tabakfabriken in Hainburg und Fürstenfeld einem einzigen Generalunternehmen übertragen – am glänzenden Geschäft war der Staat natürlich direkt beteiligt.

Per kaiserlicher Entschließung vom 20. November 1783 wurde dieses System zugunsten der staatlichen Tabakregie aufgehoben. Das Tabakpatent Kaiser Josephs II. vom 8. Mai 1784 überantwortete nun alle Betriebsmittel der Staatsregie. Das Tabakmonopol verbot die Einfuhr von ausländischem Tabak, den Tabakanbau im Inland ohne Erlaubnis und die Verarbeitung des Tabaks in Eigenregie. Tabakbauern durften ihre Ernte nur an die Tabakregie verkaufen, der Staat war nun tatsächlich konkurrenzlos.

Bei der Einführung des Tabakmonopols begünstigte Joseph II. die Angehörigen seiner Armeen. Bereits unter der Herrschaft seiner Mutter Maria Theresia waren Soldaten mit verbilligtem Tabak, dem sogenannten „Limitotabak"[2], versorgt worden, der für den gemeinen Soldaten als ebenso notwendig wie Brot angesehen wurde. Die Idee, Trafiken zur Versorgung von Militärinvaliden und Witwen zu verwenden, datiert bereits in diese Zeit.

Die Entwicklung bis zum zukunftsweisenden Tabakpatent zeigt, wie der Staat seit dem 17. und verstärkt im 18. Jahrhundert versuchte, mittels verschiedener Steuerungsmodelle – Monopole, Aufschläge, staatliche Regie, Generalverpachtung, Pachtkompanien – die Kontrolle über Genussmittel und Drogen zu erhalten, und zwar nicht aus gesundheitspolitischen, sondern aus rein steuerlichen Gründen: „Alkohol, Kaffee, Zucker und Tabak wurden zu zentralen Einkommensquellen des sich formierenden Steuerstaates."[3] Hier beginnt aber auch die Geschichte des Widerstands gegen den staatlichen Zugriff auf immer mehr Lebensbereiche und gegen politische Bevormundung in Form von Schmuggel oder Tumulten, die sich entweder am Tabakpreis oder an der mangelnden Qualität der Tabake entzündeten.

2 Vom Schnupftabak zur Zigarette: Wandel der Konsumgewohnheiten

Zum Zeitpunkt der Einführung des Tabakmonopols unter Joseph II. wurden in Österreich weder Zigarren noch Zigaretten geraucht. Etwa 70 Prozent der abgesetzten Mengen entfielen damals auf Pfeifentabak und ca. 30 Prozent auf Schnupftabak, der sich um 1750 in adeligen Kreisen größter Beliebtheit erfreute; die reichhaltigen Sammlungen von kostbaren Rokoko-Schnupftabakdosen in Museen legen dafür ein beredtes Zeugnis ab. Das Preisgefälle und die Sortenpalette des Schnupftabaks waren breit gefächert. Der vornehme Städter bevorzugte den Pariser Rapé, während sich der ländliche Schnupfer mit dem sogenannten Schwarzgebeizten begnügen musste.

Alte Schnupftabakmühlen aus der Gründungszeit.

Ein halbes Jahrhundert später hatten sich die Tabakkonsumgewohnheiten in Österreich bereits grundlegend gewandelt. Auf Schnupftabak entfielen in den 1850er-Jahren nur noch zehn Prozent des Absatzes, wiederum 50 Jahre später, um das Jahr 1900, nicht einmal mehr vier Prozent. Auf Rauchtabak für die Pfeife hingegen entfielen im ganzen Gebiet der staatlichen Tabakregie ca. 70 Prozent, den seitdem stets wachsenden restlichen Anteil machten nun Zigarren und Zigaretten aus. Auch in der seit 1830 bestehenden Schwazer Tabakfabrik war die Zigarren- und Zigarettenfabrikation der wichtigste Produktionszweig, während Schnupftabak dort kaum eine Rolle spielte. Kautabak als die billigste Konsummöglichkeit der kleinen Leute ging in der zweiten Hälfte des 19. Jahrhunderts stark zurück. Tabakkauen galt längst als Angewohnheit von sozialen Randgruppen, Spucken galt zunehmend als anstößig, das Tabakkauen passte auch nicht mehr zu den neuen Vorstellungen von richtiger Mundhygiene.

Erst 1865 wurde in Österreich die Zigarette eingeführt. In diesem Jahr kam die „ordinäre Doppelzigarette" auf den Markt. Mit dem Einsatz von Zigarettenmaschinen ab 1882 ließ die Zigarette alle anderen Tabakprodukte weit hinter sich. Die Zigarette symbolisierte mit ihrer beschleunigten Zeitwahrnehmung den neuen Zeitgeist, wie in allen kulturgeschichtlichen Darstellungen stets betont wird. Die Zigarettenlänge als informelle Zeiteinheit unterscheidet sich deutlich von der Zigarrenlänge. 1866 wurden in Österreich-Ungarn eine Million Zigaretten verkauft, 1871 bereits 17 Millionen, 1876 52 Millionen, 1881 81 Millionen und nur ein Jahr später 123 Millionen. 1887 war der Verbrauch sprunghaft auf 533 Millionen Stück, 1900 auf drei Milliarden und 1913 auf sechs Milliarden gestiegen. Damit entfielen etwa 15 Prozent des abgesetzten Tabaks auf Zigaretten. Der Erste Weltkrieg führte zu einem weiteren rasanten Anstieg des Zigarettenkonsums, obwohl das Sortiment sehr eingeschränkt wurde: 1920 wurden bereits 44 Prozent des Tabaks in Form von Zigaretten abgesetzt. In der Tabakfabrikation triumphierte mit der Zigarette die Maschinenwelt. Bereits die Zigarettenmaschinen der ersten Stunde stellten stündlich etwa 2000 Stück her und machten die Zigarette zum Massenprodukt der beginnenden Wegwerfgesellschaft.

Schnupftabakdosen aus dem 18. Jahrhundert.

Rauchende Bauern beim Kartenspiel, Genrebild von Carl Schleicher, um 1880.

Tabak fand auch als Medizin Verwendung. Grundlegend dafür waren auf die Antike zurückgehende Körpervorstellungen von der zentralen Bedeutung der Körpersäfte für die menschliche Gesundheit. Zu viel Feuchtigkeit im Körper galt als krankmachend, und die Vorstellung, dass Tabak dem Körper und dem Gehirn Feuchtigkeit entziehe, machte ihn zum Heilmittel. In einer französischen Schrift wurde 1700 erklärt, dass der Tabak die Nerven trockener und beständiger mache. Tabak wirke positiv auf die Vernunft und befördere die größere Beständigkeit der Seele. Außerdem wirke Tabak durch die innerliche Austrocknung der Fleischeslust entgegen, empfahl sich also besonders für den geistlichen Stand – sowie allgemein für viele müßige Männer, deren lüsterne Einbildungskraft durch den Tabakgenuss in eine gesündere Richtung gelenkt würde.

Historisches Rauch- und Schnupftabak-Sortiment.

3 Die Napoleonischen Kriege und die Zerstörung von Schwaz

Im Verlauf des 18. Jahrhunderts war der einst blühende Bergbau in Tirol in die Bedeutungslosigkeit gesunken. In den Grubenbauen der Schwazer Reviere fanden immer weniger Menschen Arbeit, abgebaut wurden im Wesentlichen nur noch Erze, die frühere Generationen wegen des geringeren Metallgehalts im Stollen belassen hatten. Um 1800 bot das überschuldete Bergbauunternehmen in 15 Gruben und drei Poch- und Waschwerken gerade noch Arbeit für 375 Bergarbeiter. Die Wasserkraft des Lahnbachs nützten nun vermehrt Schmieden, eine Bergfarbenfabrik erzeugte aus den farbigen Kupferverbindungen Azurit und Malachit Farbstoffe, es gab Brauereien, eine Textilfabrik und den Schiffbau für die Innschifffahrt. Dank dieser aufstrebenden Kleinindustrie verbreitete sich in Schwaz – trotz des untergehenden Bergbaus – ein bescheidener Wohlstand. Durch die langen Kriegsjahre 1792 bis 1809 und insbesondere durch die Brandkatastrophe am 15. Mai 1809 wurde diese Entwicklung abrupt gestoppt.

Die Geschichte der napoleonischen Koalitionskriege und des Tiroler Aufstands ist oft erzählt worden und soll hier in nur wenigen Sätzen in Erinnerung gerufen werden. 1792 erklärte Napoleon dem mit Preußen verbündeten Österreich den Krieg. 1796 standen Napoleons Truppen in Oberitalien, und auch aus Schwaz zogen Schützen- und Milizkompanien an die Kriegsschauplätze im Süden. Der Zweite Koalitionskrieg brachte ab 1799 neue Katastrophen und 1806 das Ende des Heiligen Römischen Reichs. Der dritte Krieg 1805 ging für Österreich mit der Schlacht bei Austerlitz verloren, im Friedensvertrag von Pressburg im Dezember 1805 wurde Tirol an das neu gegründete Königreich Bayern abgetreten. Der Tiroler Aufstand gegen die bayerische Besatzung richtete sich gegen die im konservativ-katholischen Tirol ungeliebten Reformen, die Abschaffung von traditionellen Formen der Selbstverwaltung, hohe Steuern, die Einführung der allgemeinen Wehrpflicht 1809 und nicht zuletzt gegen die Abschaffung kirchlicher Feiertage.

Auf Bildern aus der Zeit der Napoleonischen Kriege findet sich immer wieder die allgemeine Mode des Pfeifenrauchens abgebildet. Auch Freifrau Therese von Sternbach ließ sich mit Pfeife malen – sowie in männlicher Kleidung und im Männersattel. Um 1800 rauchten einerseits Soldaten Pfeife, andererseits war das Pfeifenrauchen ein Kennzeichen der ländlichen und bäuerlichen Kultur, während die feine Gesellschaft und die Angehörigen geistlicher Männerorden Tabak schnupften und die Armen Tabak kauten. Die Freifrau, die wie ein Soldat beziehungsweise wie die Bauern und Bäuerinnen rauchte, wurde bezeichnenderweise von den Bayern in einem Bericht an Napoleon als „männlicher Karakter mit einer starken Anhänglichkeit an die Bauern"[4] geschildert – als hätte die Pfeife diese Charakterisierung nahegelegt. Auch die Schwazer Geschirrhändlerin und Freiheitskämpferin Maria Anna Jäger, genannt die Lebzelter-Mariandl, rauchte Pfeife.

Im April 1809 siegte der Tiroler Landsturm, das bayerische Militär kapitulierte und zog sich zunächst aus Tirol zurück. Um Tirol wieder zu besetzen, marschierten im Mai zwei bayerische Divisionen unter französischem Kommando brandschatzend durch das Unterinntal in Richtung Innsbruck. Am frühen Nachmittag des 15. Mai 1809 befahl Generalleutnant Freiherr von Wrede den Angriff auf Schwaz. Der Markt wurde eine Stunde lang mit Kanonen und Gewehren beschossen, daraufhin gestürmt, geplündert und angezündet. Mehr als 400 Häuser – der Großteil des Häuserbestands des Marktes – brannten ab. Auch die Spitalskirche und die Bruderhauskapelle der Knappen wurden in Schutt und Asche gelegt, das Bürgerspital und das Bruderhaus – das ehemalige Krankenhaus der Knappen – wurden schwer beschädigt. Lediglich die im 15. Jahrhundert erbaute gotische Pfarrkirche sowie das Anfang des 16. Jahrhunderts errichtete Franziskanerkloster und das Fuggerhaus aus dem Jahr 1525, von dem

Schwaz 1722, von Georg Höttinger.

Brand von Schwaz am 15. Mai 1809, lavierte Federzeichnung von P. Benitius Mayr.

aus Anton Fugger zeitweise die Geschicke seiner weit über Europa hinausgehenden Unternehmungen geleitet hatte, blieben von dem Feuer verschont. Der Gesamtschaden wurde auf 1,5 Millionen Gulden (entspricht nach heutiger Kaufkraft ungefähr 30 Millionen Euro) geschätzt. Die lang anhaltenden Folgen für die Gemeinde waren zerstörte Existenzen, Arbeitslosigkeit und drückende Wohnungsnot.

Die pfeiferauchende Freiheitskämpferin Maria Anna Jäger zwischen Josef Speckbacher und Andreas Hofer.

Bereits am 7. Juli 1809 forderte das bayerische General-Kreiskommissariat am Inn das Landgericht Schwaz auf, gemeinsam mit dem Marktvorstand den Wiederaufbau des Ortes in die Wege zu leiten. Zuerst sollten Schule und Spital neu errichtet werden. Für die obdachlos gewordenen Menschen in Schwaz konnten jedoch keine Zuschüsse gewährt werden, die Gemeindekasse war völlig leer. Trotz Spenden, die sogar aus England eintrafen, wusste man sich angesichts der Wohnungsnot nicht anders zu helfen, als die Menschen zur Abwanderung aufzufordern. Wer konnte, verließ die Geisterstadt, um anderswo eine neue Existenz aufzubauen. Die Zahl der Handel- und Gewerbetreibenden, die insgesamt rund 100 Gesellen beschäftigten, betrug im Jahr 1809/10 nur mehr rund 190, Konkurse von Gewerbeleuten und Bauern waren an der Tagesordnung.

Der Wiederaufbau ging in dem nach langen Kriegsjahren geschwächten Tirol nur langsam vor sich. 1817 zählte der Markt Schwaz 750 gänzlich verarmte Personen, 1300 Arbeitslose, 1650 wenig Verdienende und 200 Bemittelte. Die Einwohnerzahl sank weiter, bis sie sich bei etwa 3000 einpendelte. Bis 1830 konnte sich der Markt überhaupt nicht erholen und wies eine erdrückend große Zahl von Arbeitslosen auf. Noch in den 1860er-Jahren waren alte Brandstätten vorhanden.

1825 wanderte Josef Kyselak, begleitet von seinem Wolfshund, durch Schwaz. Der Wiener war auf seiner Fußreise durch die Alpen in viele pittoreske Orte gekommen, wobei er mit Vorliebe seinen Namen in Großbuchstaben an Baudenkmälern hinterließ. Schwaz deprimierte ihn:

„Ich besah diesen einst wohlhabenden, nun unglücklichsten aller Märkte, der sich allein von dem Jahre 1809 noch gar nichts erholt hat und für die Zukunft daran verzweifelt. Von den vielen Häusern haben wenige bereits ordentliche Dächer; wie alte Ritterburgen stehen die Mauerwände von Rauch und Brand geschwärzt und hohläugig mit ihren ausgebrochenen Fenstern in den öden Gässen; Männer, Weiber und Kinder erbetteln knieend von Vorüberreisenden nicht Abhülfe – sondern Fristung des elenden Daseyns!"[5]

Bauerntabak (Nicotiana rustica), auch Rundblatt-Tabak genannt, aus der Familie der Nachtschatten-Gewächse.

4 Die Erweiterung des Tabakmonopols nach Tirol

Bei der Übernahme des Tabakgefälles 1784 in staatliche Regie unter Kaiser Joseph II. umfasste das Monopolgebiet Ober- und Niederösterreich, Steiermark, Kärnten, Krain und das Küstenland, Böhmen, Mähren, Schlesien und Ostgalizien. Die Bukowina wurde 1793 eingegliedert, Westgalizien 1796, Venedig und die Lombardei 1814, Salzburg und Dalmatien 1818, Tirol aber erst im Jahr 1828 und Ungarn noch später, im Jahr 1851. In all diesen Ländern wurde zum Schutz des Monopols das Recht der Tabakpflanzung eingeschränkt, der freie Tabakhandel beseitigt, der Handel („Verschleiß") nur autorisierten Personen erlaubt.

Die Geschichte der Tabakbesteuerung und des Tabakverschleißes in Tirol hat bis zur verspäteten Einführung des Monopols in Tirol nach der Wiedereingliederung in die österreichische Monarchie (1814) einen etwas anderen Weg genommen:

Am 24. Oktober 1662 war „dem Gedeon May, Hebräern zu Innsbruck, das alleinige Gewerb oder Handlung des in Tirol eingeführten Trink- und Schnupftabaks"[6] von der Tiroler Hofkammer verliehen worden. Gedeon May bewohnte ein Haus am Stadtgraben. Die Tiroler Landstände beklagten sich mehrfach über den zugewanderten jüdischen Inhaber des Privilegs und setzten sogar ein scharfes Konsumverbot des „Trinktabaks" durch. Die Landstände strebten überhaupt danach, bei Leib- und Geldstrafen den Rauchtabak gänzlich abzuschaffen. Bei dem Verbot wurde mit Geldabfluss ins Ausland, Gesundheitsgefährdung und Feuergefahr argumentiert. Im Unterschied dazu war die Hofkammer aus finanziellen Gründen längst daran interessiert, Tabakeinfuhr und Tabakproduktion als landesfürstliche Regale zu erklären. Per kaiserlichem Mandat vom 7. Februar 1676 wurde das von den Landständen erlassene Tabakkonsumverbot daher wieder aufgehoben und gleichzeitig der aufgelassene Tabakappalto für Tirol zugunsten des Johann Ferdinand May gegen einen Anteil der Zolleinnahmen wieder eingeführt. Schon im Jahr darauf wurde May dieses Privileg wieder entzogen. Die Tabakbesteuerung wurde danach nicht mehr als Pachtkonzession an einen Unternehmer, sondern über einen Grenzzoll eingeführt, wobei jeder Tiroler gegen Erlag eines Grenzzolls von drei Gulden für einen Wiener Zentner den Tabak völlig frei handeln konnte.

Die Höhe der Zollerträge hing allerdings auch vom Ausmaß des Eigenanbaus ab, den die Regierungen stets zurückzudrängen versuchten. Außerdem konnte der unbeliebte Einfuhrzoll nur dann entsprechende Erträge einbringen, wenn es gelang, den Schmuggel durch verbesserte Grenzkontrollen zu unterbinden. Übrigens profitierte in Tirol über hundert Jahre lang die Stadt Innsbruck vom Tabakzoll. 1713 wurde der Zoll von drei auf vier Gulden erhöht – wobei die Erhöhung von einem Gulden von der Tiroler Hofkammer im Einvernehmen mit den Landständen als fromme Beisteuer zum Bau der Pfarrkirche St. Jakob in Innsbruck gewidmet wurde.

1773 beschwerten sich die Oberinntaler Gemeinden über das gerade erneuerte Verbot des Tabakanbaus mit dem Argument, dass in kurzer Zeit viele arme Leute, die sich das Tabakrauchen angewöhnt hätten und sich den ausländischen Tabak nicht leisten könnten, erkranken, ja sogar erblinden würden. Außerdem benötige man das Tabakkraut in der Tierheilkunde (gegen Rindläuse – daher auch der Name „Lauskraut"), und überhaupt sei das Tabakrauchen „bei so schlechter, rauher, meistenteils in Erdäpfeln bestehenden Kost eine notwendige und fast unentbehrliche Sache".[7] Die Beschwerden führten zu nichts. Unter Joseph II. wurde der Anbau nur noch in der Gegend um Rovereto erlaubt. Außerdem sollte per Hofentscheid das Tabakmonopol auch in Tirol und Vorarlberg eingeführt werden. Der Ausdehnung des Monopols stellten sich aber noch erhebliche Schwierigkeiten entgegen. Man fürchtete eine Störung der zufriedenen und loyalen Haltung der Untertanen durch die Auflage einer

„Der Tyrolerjäger": Tabakprivilegien für den Freiheitskampf.

neuen Steuer, sah aber auch das alpine Gelände und die schlechten Verkehrswege als hinderlich für die nötige Zollkontrolle an.

Unter bayerischer Herrschaft wurde 1811 der Tabakanbau im Innkreis – dem zu Bayern gehörigen Teil Tirols – wieder freigegeben, eine „Goodwillaktion" gegenüber den ehemals aufständischen und nun wieder friedlichen Oberinntaler Bauern. Das königlich bayerische Tabakpatent führte selbst eine staatlich beaufsichtigte Tabakregie ein, wobei aber jedem Untertan nach Einholung einer Lizenz erlaubt war, Tabak anzubauen und diesen gegen eine Abgabe auch zu verkaufen. Es war außerdem jedem möglich, eine Konzession zum Betrieb einer Tabakfabrik zu erhalten und ein Patent auf den Tabakhandel zu erwerben.

Nach dem Ende der bayerischen Herrschaft mit ihren weit liberaleren Bestimmungen bezüglich des Tabaks beziehungsweise nach der Wiederangliederung Tirols an das österreichische Kaiserreich im Jahr 1814 wartete die Regierung noch etliche Jahre „mit Rücksicht auf die Stimmung im Lande"[8], bis das Tabakmonopol auch hier eingeführt werden sollte. Der Eigen-Tabakanbau hatte sich in der bayerischen Zeit nämlich stark verbreitet – den Bauern dieses Recht von heute auf morgen zu nehmen, war im Land der habsburgtreuen Freiheitskämpfer politisch nicht opportun. Man berief sich unter anderem auf ein Fakultätsgutachten der Universität Innsbruck, das erklärte, dass man hierzulande das Recht, Tabak anzubauen, geradezu zu den tirolischen Freiheiten zählen würde, die den Bauern ohne Rechtsverletzung nicht weggenommen werden könnten, sonst fühlten sie sich um die Früchte des Widerstands gegen die Bayern betrogen. In den Jahren 1823 bis 1826 wurden langwierige Verhandlungen mit Tiroler Kaufleuten und Tabakproduzenten über Abfindungszahlungen geführt. Im Herbst 1827 genehmigte Kaiser Franz I. schließlich die Ausdehnung des Tabakmonopols auf Tirol:

„Um die Zuflüsse, welche der Staat aus dem ausschließenden Verkaufe des Tabaks bezieht, gegen Schmälerungen möglichst sicherzustellen und um die Hindernisse zu beseitigen, welche der gänzlichen Freigebung des Verkehrs zwischen der Grafschaft Tirol und den übrigen Bestandteilen der Monarchie noch dermalen entgegenstehen, haben [Seine] Majestät […] beschlossen, den Tabakverkauf für Rechnung des Staates auch in Tirol und Vorarlberg unter solchen milden Bedingungen, welche einen neuen Beweis des besonderen, allergnädigsten Wohlwollens für diese Provinz darlegen, einzuführen."[9]

1828 wurden die Bestimmungen des Monopolpatents von 1784 auch in Tirol und Vorarlberg wirksam. Der einheimische Tabakanbau wurde – abgesehen von einigen Gemeinden im Trentino und in Frastanz in Vorarlberg – nur noch unter Beachtung besonderer Vorschriften gestattet. Die bisher berechtigten Tabakfabrikanten wurden für den Entzug ihres Gewerbes entschädigt, eine „Vereinte Kameral-Gefällen-Verwaltung" in Innsbruck, ein „Verschleißdienst" und eine Gefällsaufsicht zum Vertrieb der Monopolerzeugnisse in Tirol eingerichtet. Die Tabaksorten führte man zunächst von den Tabakfabriken in Hainburg und Fürstenfeld ein und gab sie vom Tabakverschleiß-

Tabakbeutel aus Leder und geschnitzter Pfeifenkopf in Form eines Löwen.

magazin in Innsbruck aus an die Verleger und Kleinverschleißer ab. Den hierzulande geschätzten Rollentabak („Zugtabak" in Kübeln) und auch den Kautabak für Nordtirol – die billigste Form des Tabakkonsums – bezog der Innsbrucker Kaufmann Jakob Lener bis zur Einführung des Tabakmonopols aus Nürnberg. Damals wurden in Tirol vorwiegend zwei Kautabaksorten angeboten, deren Rezept sich die Tabakregie rasch zu sichern wusste.

Im 18. und frühen 19. Jahrhundert entwickelte sich ein staatliches Gesundheitswesen in Form der Medizinalpolizei. In diesem Zusammenhang erlaubt eine Besprechung über eine 1812 in Nürnberg erschienene Schrift mit dem Titel „Die Tabaks- und die Essigfabrikation, zwey wichtige Gegenstände der Sanitäts-Polizey-Magistrate, so wie auch für das consumirende Publikum" einen kleinen Einblick in die Auseinandersetzung mit dem Pro und Kontra behördlicher Reglements des Tabakkonsums. Der Autor hatte eine rigide Überwachung der Tabakfabriken und Fabrikate gefordert, samt einheitlicher Regelungen über die Staatsgrenzen hinaus. Der Rezensent sprach sich hingegen für eine Liberalisierung und vor allem weniger Polizeikontrolle aus. Das Fabrikat sei nur dann schlecht, wenn der Fabrikant entweder kein guter Chemiker oder aber kein guter Bürger, kein guter Mensch sei. „Wenn auch so die Unterthanen nicht immer einen guten und oft einen erbärmlichen Tabak erhalten sollten; so sind sie doch eben dadurch gesichert vor jeder Giftmischung: denn der Staat kann seine Unterthanen, von welchen er Denari haben will, nicht vergiften", schreibt er, und weiter:

„Jede Nase will ihren eigenen Tabak, wie jeder Mensch seinen eigenen Glauben. Der Herr bewahre unsere Nasen vor Tabakarchie und unser Gewissen vor Hierarchie; er lasse jeden seine Prise in Frieden nehmen, seine Pfeife in Ruhe schmauchen und seinen Gott auf seine Weise verehren. Er erleuchte jeden, daß er seine Nase, seinen Gaumen und seine Lungen und sein Herz nicht vergifte."[10]

Nach der Einführung des Tabakmonopols in Tirol konnte man allerdings mit dem liberalen Verfasser obiger Kritik tatsächlich von einer „Tabakarchie" sprechen, gegen die sich gelegentlich ein Murren erhob.

5 Gründung der Tabakfabrik Schwaz im Jahr 1830

Ansicht von Schwaz, 1830.

Wir befinden uns im Jahr 1828. Schwaz ist eine verarmte Marktgemeinde. Der Bergbau bietet kaum noch Verdienst, von den Zerstörungen der Napoleonischen Kriege hat sich der Markt zwei Jahrzehnte später immer noch nicht erholt, Wohnungsnot und Unterernährung sind die Folgen.

Nach dem Niedergang des Bergbaus waren große Teile der Schwazer Bevölkerung arbeitslos. Etliche Frauen und Mädchen arbeiteten in Heimarbeit für eine Wollspinnerei und stellten die sogenannten Schwazer Hauben für Trachten her. Relativ sichere Verdienstmög-

Am 29. April 1829 informiert die kaiserlich-königlich vereinte Gefällenverwaltung für Tirol und Vorarlberg das k.k. Kreisamt in Schwaz, dass „Se. Majestät die Errichtung einer Filial-Tabakfabrik zu Schwaz zu bewilligen geruht" habe. Gleichzeitig wird an das Schwazer Kreisamt der Auftrag erteilt, ein Gutachten zu erstellen, ob die als Standort der Tabakfabrik vorgesehenen Gebäude verwendbar seien und welche Kosten für die Adaptierung der Gebäude anfallen würden.

lichkeiten boten außerdem noch Kleinindustriebetriebe wie die Leonische Drahtfabrik und die Steingutfabrik des Joseph Anton Hussl. Letztere beschäftigte um 1820 ca. 20 Arbeiter. Ein Tropfen auf den heißen Stein.

Das historische Kronland Tirol gehörte seit 1828 zum großen staatlichen Tabakmonopolgebiet. Die Gefällsdirektion plante den Bau einer Filialfabrik in Nordtirol, um die Verschleißstellen auf kürzerem Weg mit allen Tabaksorten beliefern und die in Tirol am meisten nachgefragten Tabakprodukte vor Ort herstellen zu können. Sobald man in Schwaz von diesen Plänen hörte, bildete sich eine „Tabakfabriken-Einrichtungskommission", eine „Vereinigung heimatliebender verständiger Bürger", um zu erreichen, dass die neue Fabrik in der notleidenden Marktgemeinde angesiedelt würde. 1829 stellte Kaiser Franz I. zwei Bedingungen für die Errichtung der Tabakfabrik in Schwaz auf: Die erste Bedingung vom 6. April 1829 lautete, dass die Direktion in den Besitz der für die Produktion der Kübel- und Kautabake notwendigen Beizrezepte gelange. Umgehend soll daraufhin noch im selben Jahr die Erzeugungsart des Kau- und Kübeltabaks ausspioniert worden sein. Die zweite Bedingung war nicht erfüllbar: In der kaiserlichen Resolution vom 20. April 1829, betreffend die Anlage einer „Filialtabakfabrik" in Schwaz, hatte der Kaiser angeordnet, „daß für den Fall, als die durch Auflösung des k. k. Bergamtes in Schwaz entbehrlichen Ärarialgebäude [staatliche Gebäude] ganz oder zum Teile hiezu benutzt werden können, auf deren Verwendung Bedacht genommen werden sollte."[11] Eine daraufhin angeordnete Inspektion ergab aber, dass das ehemalige Bergamt eine Ruine und für die Errichtung einer Fabrik ungeeignet war. Dafür zeigte sich aber, dass das ehemalige Bruderhaus der Knappen entsprechend adaptiert werden könnte.

Als Konkurrenten für den Fabriksstandort kamen ursprünglich die ebenfalls verkehrsgünstig gelegenen Städte Innsbruck und Hall in Frage. Doch in Innsbruck waren die Grundstückspreise und Häusermieten bereits damals viel zu hoch für eine entsprechende Neugründung und in Hall fand man kein geeignetes Gebäude mehr, denn das leerstehende ehemalige Klarissenkloster war bereits für die Einrichtung einer Provinzial-Irrenanstalt vorgesehen, die schließlich im Jahr 1830 eröffnet wurde. In Schwaz stand dagegen ein großes, leerstehendes Objekt zur Verfügung, nämlich das 1509/10 erbaute und teilweise zerstörte Bruderhaus der Knappschaft, das sogenannte Linerische Anwesen, wo seit 1814 der Zimmermeister Johann Liner wohnte. Damit erhielt Schwaz den Zuschlag für die Errichtung einer Tabakfabrik.

Dass die verarmte Einwohnerschaft von Schwaz ein großes, mit niedrigen Löhnen zufriedenes Arbeitskräftereservoir bot, das aus möglichst folgsamen, an Dienstboten-Arbeitsverhältnisse gewöhnten Personen bestand, die in der strukturschwachen, ländlich geprägten Provinz kaum alternative Verdienstmöglichkeiten vorfanden, war für die Standortwahl ohne Zweifel von entscheidender Bedeutung. „Wegen der vielen Arbeitslosen wäre auch der Taglohn äußerst billig"[12], kalkulierte der zuständige Einrichtungskommissar Oberhauser. Die Wahl des Fabriksorts wurde also durch den ausgesprochenen und international wahrgenommenen Notstand der Gemeinde Schwaz entschieden. Weitere Pluspunkte für Schwaz bei der Standortwahl waren die Gewässer: der schiffbare Inn für den Transport von Rohstoffen und Fabrikware und der Lahnbach für den Betrieb der Mühlen.

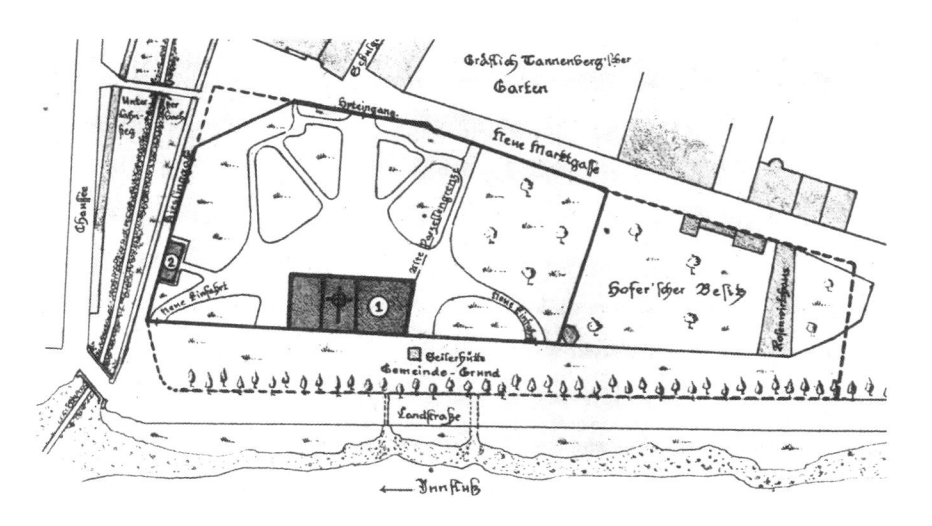

Plan des Areals der Tabakfabrik Schwaz aus dem Jahr 1830. Das ehemalige Bruderhaus sowie die Kapelle der Bergwerksbruderlade sind mit (1) gekennzeichnet.

*Seit 1833 wurden die Gespunste in Handarbeit unter
Verwendung von Handpressen geformt.*

1829 wurde das Bruderhaus samt der angebauten Kapelle für die Errichtung der Tabakfabrik angekauft und nach den Plänen des Kreisingenieurs Miorini für die im agrarischen Tirol völlig neue industrielle Tabakverarbeitung adaptiert. In Betrieb ging man Ende Dezember 1830. Rasch erwies sich das erste Fabriksgebäude als zu beengt. Bereits 1833, unter der Geschäftsleitung von Franz Brandl, wurde der sogenannte Kaiserkasten der Knappschaft am linken Innufer als Magazingebäude angekauft.

Gleich nach der Errichtung der Tabakfabrik wurde mit der Herstellung der Trockengespunste („Rollenspinnerei") begonnen. Dabei wurden Tabakblätter zu einem seilartigen Strang gesponnen, der dann zu Rollen oder als flachgepresste Strangstücke abgepackt wurde. Die Verbraucher mussten diese Gespunste damals noch selbst zu ihrem Pfeifentabak verschneiden. Die Gespunste wurden von den rasch angelernten Arbeiterinnen ausschließlich in Handbetrieb erzeugt. Mit der Hand angetriebene Spinnmaschinen wurden erst später aufgestellt. Bereits nach einem halben Jahr wurde auch schon mit der Erzeugung des in Kübeln verpressten Rauchtabaks begonnen. Das „Beizgeheimnis" und die Kenntnis des Kübeltabak-Herstellungsverfahrens überließ der Fabrikant Paul Winter der Tabakregie; er war um 1800 vor dem Militärdienst aus Franken nach Innsbruck geflüchtet und hatte dort bis zur Einführung des Tabakmonopols eine Tabakmanufaktur betrieben. Nun war seine Fabrik geschlossen, und Winter wurde für die Weitergabe der wertvollen Beizrezepte an die Tabakregie mit der Anstellung als Beizmeister und „Wagamtsgehilfe" in der Tabakfabrik Schwaz abgefertigt; für eine angemessene Entschädigung musste er noch jahrelang kämpfen.

Im zweiten Bestandsjahr kam zur Kübeltabakfabrikation die Kautabakerzeugung hinzu. Die entsprechende geheime Rezeptur des Nordtiroler Kautabaks überließen die Wildauerschen Erben Theres Wildauer und Franz Strasser aus Zell am Ziller am 5. August 1831 dem Staat „eidespflichtig" gegen eine einmalige Abfindung von 1000 Gulden. Im Mai 1831 gaben die Erben der Firma Franz Xaver Feuerstein in Bezau das „Beizgeheimnis" des Vorarlberger Kautabaks an die Tabakregie weiter. Feuerstein wurden die Reisekosten und Taggelder ersetzt sowie eine Jahresrente von 300 Gulden ausbezahlt – diese Entschädigung gab es aber erst, nachdem eine Probe zufriedenstellend ausgefallen war. Die Vorarlberger Sorte wurde durch die Zugabe von Salzen und aromatischen Ölen (Anis und Nelken) hergestellt, während der Nordtiroler Kautabak mit einer Sirupzutat gebeizt wurde und einen stark säuerlichen Geschmack gehabt haben soll.

Am 10. Juli 1832 besichtigte das Kaiserpaar Franz I. und Karolina Augusta die Fabrik. Der hohe Besuch vermerkte: „Viele Menschen, noch mehr Weiber, werden hier beschäftigt."[13] Vielleicht bürgerte sich schon zu dieser Zeit die liebevolle Bezeichnung „Tschiggin" als Synonym für die Schwazer Tabakfabrik ein. Der französische Begriff „chique" beschreibt nämlich den Kautabak beziehungsweise in seiner italienischen Form „cicca" auch den Zigarrenstummel oder kleine Tabakreste.

Um 1840 erlebte das Pfeifenrauchen in der österreichischen Monarchie seinen Höhepunkt. Damals wurde in Schwaz die Herstellung von geschnittenen und in Briefen vorgewogenen Pfeifentabaken ein-

*Rauchende Bauern aus dem
Pustertal und dem Inntal.*

geführt, um den wachsenden Konsumbedarf zu bestreiten. Für die Konsumenten war das weit bequemer, sie mussten ihren Tabak nicht mehr selbst für die Pfeife schneiden.

1843 wurde anstelle des alten Bruderhauses der Neubau zweier Haupttrakte, verbunden durch einen Terrassentrakt, bewilligt. Der Bau wurde nach Plänen des österreichischen Bauingenieurs und Architekten Josef Stummer (1808–1891), Professor am k. k. Polytechnischen Institut in Wien, ausgeführt. Er galt zu seiner Zeit als musterhaft hinsichtlich Gewerbehygiene und Betriebstechnik und war mit seinen roten Marmorpfeilern geradezu eine Sehenswürdigkeit. Der mittlere Terrassentrakt wurde 1847 ausgebaut. Er diente als Wohn- und Kanzleigebäude.

Die Tabakfabrik prägte bereits kurze Zeit nach ihrer Gründung das wirtschaftliche, soziale und kulturelle Leben in Schwaz, indem sie neue Arbeits- und Lebenszusammenhänge stiftete. Im Jahr 1847 beschäftigte die Fabrik ca. 300 Personen, vor allem weibliche Arbeiterinnen – und davon nicht wenige Kinder und Jugendliche. Im Jahr 1840 arbeiteten in der Tabakfabrik Schwaz 104 Kinder, davon 59 schulpflichtige. Sie erhielten eine Stunde Unterricht in Lesen, Schreiben und Rechnen pro Tag und wöchentlich zwei Stunden Katechismusunterweisung – und zwar in den Mittagspausen oder nach Feierabend. Kinderarbeit in einer Fabrik wurde allerdings schon damals kritisch gesehen. Die Kinder würden sowohl geistig als auch körperlich verkrüppeln, schrieb der damalige Kreishauptmann besorgt an das Landesgubernium.

Weiße Tonpfeife, bemalt.

Schild der Tabakregie.

Das „Spinnerschild", das Innungszeichen von 1850. Es wurde am „Tinzltag", dem Sonntag nach dem Dreikönigs-Fest, von den Tabakfabrikarbeiterinnen mit Blumen geschmückt und zur kirchlichen Feier mitgetragen.

6 Die Virginier des Bürgers, das Lauskraut des Bauern: Eine Zeit der Revolutionen

Während die Zigarre im späten 19. Jahrhundert zum Kennzeichen des gesetzten, wohlhabenden männlichen Bürgers avanciert war, symbolisierte sie im Vormärz, dem Zeitraum vor der Märzrevolution 1848, noch etwas anderes – nämlich eine liberal-revolutionäre Gesinnung. In der Hauptstadt des österreichischen Kaiserstaats lieferten sich 1846 Zigarre rauchende bürgerliche Studenten eine Schlägerei mit der Polizei. Sie bekämpften die als obrigkeitliche Bevormundung empfundenen Rauchverbote auf den Straßen der Innenstadt, auf der Bastei, auf allen Brücken, in der Nähe von Schildwachen, aber auch in der Prater-Hauptallee, in den Gärten von Schönbrunn und Laxenburg sowie in anderen Parkanlagen. In einer Zeit vor der Erfindung und Verbesserung von Streichhölzern sowie in der Nähe von Pulvermagazinen, in Scheunen oder Heuschobern waren die Rauchverbote noch feuerpolizeilich nachvollziehbar gewesen, nun aber standen sie für geistige und staatliche Unterdrückung.

Umgekehrt wurde das Rauchen in der Öffentlichkeit in den Augen der Obrigkeit zum Zeichen politischer Rebellion. Generell begegnete die Polizei des Metternich'schen Überwachungs- und Zensurstaats dem Zigarrenraucher mit Misstrauen: „Er fliehe das Familienleben, besuche Wirts- und Kaffeehäuser; hier würden die Zeitungen gelesen, Neuigkeiten besprochen, und geistige Getränke sowie narkotischer Tabak erhitzten die Gemüter in der Diskussion um Monarchie und Republik, Volkssouveränität, Sozialismus und Kommunismus."[14] Bezeichnenderweise galt die Aufhebung der Rauchverbote in der Öffentlichkeit als eine der ersten Errungenschaften der Märzrevolution 1848.

Die Wiedereinführung der alten Polizeidekrete im Jahr 1851, die den öffentlichen Tabakkonsum erneut kriminalisierten, steht symbolhaft für die Gegenrevolution. Im Jahr 1852 wurden die Rauchverbote in der Öffentlichkeit schließlich außer Kraft gesetzt – die Anstandsregeln sahen aber lange Zeit weiterhin vor, auf den Straßen nicht zu rauchen. Frauen unterlagen weiterhin dem gesellschaftlichen „Rauchverbot". 1867 verbreitete sich das Gerücht, dass das väterliche Rauchverbot für die junge Erzherzogin Mathilde tragisch geendet habe; sie soll verbrannt sein, als sie eine Zigarette unter dem Gewand versteckte, um beim Rauchen nicht erwischt zu werden.

Im Vormärz galten die Raucherzirkel in den Kaffeehäusern als potenzielle Orte politischer Kritik; sie wurden mit dem Aufstieg von Demokratie und Liberalismus identifiziert. Berühmt sind die Wiener Kaffeehauspfeifen, Mietpfeifen aus Ton, die mit dem Lieblingstabak des Gasts befüllt und zum Kaffee serviert wurden. Dazu genoss man die – aus Sicht der Obrigkeit – weit gefährlichere Zeitung.

Karikatur zur Wiener Revolution 1848: Rauchende mit „Barrikaden-Strohhut" und „Barrikaden-Kappe".

*Musterzigarrenkollektion der österreichischen Tabakregie für Zollbeamte
aus dem Jahr 1844; mithilfe dieses Anschauungsmaterials konnten abweichende
Formate leichter als Schmuggelware identifiziert werden.*

Obgleich Tirol am Rand der bürgerlichen Revolution von 1848 blieb, soll auch dort eine Revolution der Rauchgewohnheiten stattgefunden haben (wenn man dem Schreiber eines Artikels in den Katholischen Blättern aus Tirol glaubt, der 1852 ein „ernstes Mahnwort" an die Adresse der männlichen Jugend verfasste). Zwar hätten all die Sonntagsschüler, Hirtenbuben und Lehrjungen seit Jahren taube Ohren gegen Ermahnungen seitens der Erwachsenen „und rauchten insgeheim oder öffentlich fort, gerade weil es Mode geworden, oder weil sie das Rauchen für ein Werkzeichen des männlichen Alters, also für ein Vorrecht desselben hielten." Das Sturmjahr 1848 hätte aber noch weitere Schranken niedergebrochen „und wie es scheint, die Freiheit des Tabakrauchens auch sogar für die Kinder errungen". Das

„Die Zeitungsliebhaberey", Kupferstich von Andreas Geiger
nach Johann Chr. Schoeller 1837.

Rauchen aus Pfeifen sei seltener geworden, die Zigarren aber häufiger zu bemerken: Es sei „wirklich erstaunlich", die Jugend „auf allen Gassen und Straßen mit dem brennenden Glimmstengel im Munde" patrouillieren „und ihre Reife und Mannbarkeit vor Alt und Jung zur Schau" tragen zu sehen.[15]

Während Pfeife rauchende Frauen im 17. und 18. Jahrhundert ganz normal waren, führte die bürgerliche Differenzierung zwischen männlichen und weiblichen Rollenleitbildern im 19. Jahrhundert zu einer scharfen Diskriminierung der rauchenden Frau. Die bürgerlichen Reiseschriftsteller des 19. Jahrhunderts nahmen die rauchenden Frauen am Land als Kuriositäten wahr. Im bürgerlichen Milieu galten Pfeifenraucherinnen wie die Schwazerin Maria Anna Jäger als Mannweiber.

Die Zigarre war den Männern vorbehalten, sie avancierte geradezu zum patriarchalen Männlichkeitssymbol und separierte die Geschlechter auch räumlich. In den Privathäusern der Wohlhabenden wurde die Zigarre im Raucher- oder Herrenzimmer konsumiert. Dafür schlüpfte der Herr eigens in ein Raucherjackett, den Smoking. Frauen sollte die Geruchsbelästigung durch die Zigarre erspart bleiben.

Eingesandt.
Dem Vernehmen nach wird kommenden Dienstag die treffliche Musik des Regiments Maroicic in Grabhofer's Café und Restauration ein Konzert veranstalten. Wir können die Wahl des Lokals umsomehr als eine glückliche bezeichnen, als Herr Grabhofer einerseits Alles aufbietet, um seine Gäste durch gute Restauration aufs Beste zufrieden zu stellen, anderseits die ausgezeichnete Ventilation des Lokals es besonders der Damenwelt möglich macht, unbeschädigt von Tabakqualm das Konzert zu besuchen. Wir wünschen diesem Versuche recht glücklichen Erfolg.   515

Ankündigung eines rauchfreien Lokals für Damen im Café Grabhofer, Innsbruck, 1877

Rauchende Frauen provozierten die Geschlechterordnung, ebenso wie Frauen, die Hosen trugen: Das galt als gefährlich, sittenwidrig, revolutionär. Wohl begegnete man in der Tiroler Provinz kaum je einer Zigarre rauchenden Vorreiterin der Emanzipation, die wie

Amerikanische Karikatur aus den 1890er-Jahren in „New Women".

die Schriftstellerinnen George Sand und Louise Aston dem Tabakgenuss frönten, aber man konnte über derlei auch hierzulande in den Zeitungen lesen.

In Tirol waren die zum Inbegriff städtischer Lebensweise avancierten Zigarren seit 1815 bekannt und im bürgerlichen Mittelstand beliebt. Die dünnen Virginierzigarren, die sich schon seit längerer Zeit in Venetien und in der Lombardei gut verkauften, wurden seit 1847/48 auch in Schwaz hergestellt. Die Zigarrenfabrikation in Schwaz wurde zunächst mit 15 männlichen Lehrlingen begonnen. Bereits 1848 betrug die Jahresproduktion 10 Millionen Zigarren. In den frühen 1850er-Jahren wurden die Zigarrenmacher von billigeren weiblichen Arbeiterinnen abgelöst.

In der liberalen Innsbrucker Zeitung erschien am 16. August 1848 eine als Anfrage an die Tabakregie getarnte Beschwerde eines leidenschaftlichen Zigarrenrauchers. Die Kreuzer-Zigarre aus der Schwazer Produktion – so benannt, weil man sie für einen Kreuzer kaufen konnte – sei viel schlechter als das Hainburger Produkt, das man aber in Innsbruck nicht mehr erhalten könne. Als jemand, der seit zwölf

Jahren täglich zwölf bis 16 Kreuzer-Zigarren rauche, könne er den Unterschied wohl merken und frage sich nun, ob er nicht „das Recht hat zu fordern, daß er für sein gutes Geld die gewohnte frühere Waare erhalte, oder ob ihm hier in Tirol für den gleichen Preis Schlechteres gebühre als anderswo?"[16] Die Antwort des Fabrikverwalters Ignaz Freiherr von Kulmer blieb nicht lange aus. Er sprach dem anonymen Zigarrenraucher die Urteilsfähigkeit über die Qualität des Schwazer Produkts schlichtweg ab und betonte, dass auch die Schwazer Zigarren „aus leichten, angenehmen amerikanischen Tabakblättern erzeugt werden". Die Schwazer Zigarren seien nicht nur gleichwertig, im Gegenteil, Durchreisende würden sich bei den Verschleißstellen in Rattenberg und Schwaz sogar einen Vorrat zulegen. Möglicherweise habe der Beschwerdeführer aber bei einem Verkäufer feucht gewordene Zigarren erworben. Daher wolle er bei dieser Gelegenheit „ein Wort an alle Zigarren-Verschleißer und Raucher" richten:

„Da nur vollkommen trockene Zigarren gleichförmig brennen und von angenehmen Geschmacke seyn können, so werden alle Verschleißer und Raucher, denen es daran gelegen ist, gute Zigarren zu verschleißen und zu rauchen, aufmerksam gemacht, dieselben stets nur in vollkommen trockenen, geruchlosen und im Winter in schwach geheizten Lokalitäten aufzubewahren, nicht aber, wie man es besonders in Tirol so häufig findet, daß Verkäufer die Zigarren gleich neben dem feuchten Kübel- und Kautabak, gewöhnlich noch dazu in feuchten Souterrains oder Gewölben zu hinterlegen pflegen, worin sie binnen 24 Stunden weich und unschmackhaft werden müssen."[17]

Mit dieser schulmeisterlichen Antwort ließ sich der Zigarre rauchende Konsument nicht abspeisen. Es sei zwar nett zu erfahren, dass auch für die Schwazer Zigarren feinster amerikanischer Tabak verwendet werde und sich Ausländer „mit diesen vortrefflichen Zigarren" eindeckten, aber dies könne ihn nicht über seine seit zwölf Jahren gewohnte Zigarre hinwegtrösten: Er werde aber „über diesen Geschmacks- und Geruchsgegenstand nicht länger herumzanken, sondern sich das Rauchen ganz abzugewöhnen versuchen, als das beste Mittel, um sich künftig nicht mehr über solche und andere schlechte Zigarren zu ärgern."[18]

Dieser angekündigte Konsumverzicht aus Ärger dürfte die österreichische Tabakregie nicht besonders beunruhigt haben. Ganz anders verhielt es sich jedoch mit dem politisch motivierten Boykott österreichischer Tabakwaren, der ein Jahr zuvor in der Lombardei für Aufsehen gesorgt hatte. Der als Mailänder Zigarrenrummel von 1847 bekannt gewordene Raucherstreik war eine gezielte Aktion nach dem Vorbild des Bostoner Teeboykotts, um das Tabakmonopol und somit die verhasste österreichische Herrschaft zu schädigen. Nachdem im 19. und frühen 20. Jahrhundert zehn bis 20 Prozent der Staatseinnahmen aus dem Steueraufkommen durch das Tabakmonopol gedeckt wurden, konnte man mit einem Angriff auf das Unternehmen Tabakregie den Nerv der Staatsverwaltung treffen. Tabak war als Regierungsinstrument mehr als ein Genussmittel, „wichtiger als Salz"[19] und leichter zu kontrollieren als der Alkohol.

Aus der Sicht des Staates ebenfalls problematisch war der illegale Eigenanbau von Tabak in Tiroler Bauerngärten – ein Dauerbrenner im Tirol des 19. Jahrhunderts. Denn nachdem das Tabakmonopol rigoros durchgesetzt worden war, stopfte man sich nicht nur allerhand Surrogate wie Kartoffelblätter, Nussblätter, getrocknete Sonnenblumenblätter usw. in die Pfeife, sondern baute auch weiterhin in den Bauerngärten den als „Lauskraut" bezeichneten Bauerntabak an, das Nicotiana rustica. Im Jahr 1848 soll Erzherzog Johann den Tiroler Oberinntalern die endgültige Aufhebung obrigkeitlicher Beschränkungen in Aussicht gestellt haben. Umso größer war jedoch die Enttäuschung, als nach der Märzrevolution jegliche Begünstigung wieder gestrichen wurde. „Mir tien ins salt regiera" („Wir regieren uns selbst"), hieß es nun trotzig.

Tatsächlich hatte Erzherzog Johann ein entsprechendes Gesuch des ständischen Vertreters für das Oberinntal an das Finanzministerium weitergeleitet, das aber umgehend abgelehnt hatte, das Tabakmonopol aufzuweichen. In der österreichischen Ausgabe der Zeitung „Lloyd" vom 9. Juni 1849 meinte ein spottsüchtiger Korrespondent, dass das „Jahr 1848, welches allerlei maßlose Forderungen angeregt und vielseitig erfüllt sah", im Oberinntal ein längst vergessenes und entbehrlich gewordenes „Gelüste nach dem gemeinen Kraute" wieder erweckt hätte:

„Man stützte das wach gewordene Verlangen auf die geringfügige Eigenschaft der nordtirolischen Tabakpflanze und meint noch jetzt, der Anbau derselben für den eigenen Bedarf des Landmannes lasse im Absatze des Gefällstabaks keine empfindliche Lücke spüren, was aber irrig ist. Denn eben der starke Verschleiß der gemeinen Tabaksorten, die das Volk auf dem Lande verbraucht, steigert die Einnahme des Aerars [des Staates] aus diesem Gefälle so bedeutend, daß es bisher einen Reinertrag für die Staatsfinanzen abwarf, welcher in Tirol dem Erträgnisse der Grundsteuer nicht viel nachstand."[20]

In der liberalen „Innsbrucker Zeitung" bezweifelte hingegen ein Redakteur entschieden eine derartig bemerkenswerte Verminderung von Staatseinnahmen durch Oberinntaler Raucher. Auf den Vorwurf, erst die Revolution hätte die vermessene Forderung nach dem Tabak aus dem eigenen Garten wiederbelebt, lautete die Antwort: „Daß ein Gelüste [...] sich auf einmal so regt, ist nicht so unerklärlich, wenn

Friedrich Kiesewetter: Rauchergesellschaft, Mitte 19. Jahrhundert, Öl auf Porzellan.

man begreifen will, daß man zuerst und am meisten dort zu helfen sucht, wo der Schuh die Hühneraugen am stärksten drückt. Zudem hat man unter dem frühern Regimente sehr viele Gelüste und billige Wünsche im Herzen behalten und das Maul halten müssen."[21]

1849 und 1850 wurde der Anbau zum Eigenbedarf in den Landgerichten Nauders, Ried, Landeck, Imst, Silz und Telfs gegen eine Steuergebühr von 30 Kreuzer in kleinen Mengen ausnahmsweise noch einmal erlaubt. Dabei mussten laut Innsbrucker Zeitung vom 20. März 1850 alle männlichen Hausbewohner über 14 Jahre, die den Tabak konsumieren wollten, beim Gemeindevorsteher namentlich gemeldet werden. 1851 rief das erneute Verbot „des künftigen Tabakbaues, welcher in mehreren Gerichten des Oberinnthales hauptsächlich zur Hintanhaltung der Rindviehläuse betrieben wurde", erneut Verstimmung hervor: „Womit soll der Bauer sein Rindvieh von der bemerkten Krankhaftigkeit heilen?"[22] 1860 wurde in den oben genannten Oberinntaler Gerichtsbezirken der Anbau des Lauskrauts zum eigenen Gebrauch wieder gestattet, und zwar maximal 100 Pflanzen pro männlichem Familienmitglied. Der scharfe Bauerntabak soll aber nicht mehr geschmeckt haben und Ansuchen, einen besseren Tabak anbauen zu dürfen, sollen konsequent abgelehnt worden sein. 1885 wurde der Eigenanbau im Tiroler Oberland eingestellt.

Tabakpfeife, 1893.

Rauchender Passeirer Bauer.

Neujahrs-Glückwunschkarte mit der Schwazer Tabakfabrik im Vordergrund, 1895.

7 Die Tabakfabrik Schwaz in der zweiten Hälfte des 19. Jahrhunderts

Im Jahr 1859 herrschte Krieg zwischen Österreich und dem mit Frankreich verbündeten Sardinien-Piemont. In Solferino südlich des Gardasees ereignete sich am 24. Juni 1859 eine der blutigsten Schlachten des 19. Jahrhunderts, bei der bis zu 30.000 Menschen starben oder verwundet wurden. Wie in vielen Orten des Durchzugslands Tirol wurde auch in Schwaz vorübergehend ein Militärspital für die Verwundeten eingerichtet. In den Innsbrucker Nachrichten findet sich – gleich im Anschluss an einen Augenzeugenbericht vom Schlachtfeld in Solferino – die folgende Notiz: „Eine öffentliche Anerkennung verdient die wirklich patriotische Handlung der Arbeiterinnen der k. k. Tabakfabrik in Schwaz, welche bei den Truppen-Durchzügen von ihrem kärglichen Verdienste Ersparnisse machten, um den Soldaten mit Erfrischungen aufwarten zu können; sie haben eine ansehnliche Summe Geld unter sich gesammelt und sogar einige Tage Urlaub erbeten, um diesen Liebesdienst desto besser verrichten zu können. Möge der Herr sie lohnen für ihre gebrachten Opfer."[23]

Im Herbst 1859 wurde das zeitweilige Militärspital wieder aufgelassen. Die übrig gebliebenen Einrichtungsstücke sollten unter die Armen verteilt werden, „insbesondere unter arme, bei Gelegenheit der Militärdurchmärsche durch wohlthätige Spenden sich verdient gemachten Arbeiterinnen" der Tabakfabrik.[24]

Schwazer Tabakarbeiterinnen fanden in der Tiroler Presse des 19. Jahrhunderts kaum Erwähnung. Die oben zitierte Passage aus dem Kriegsjahr 1859 über das opferbereite arme Kollektiv der Fabrikarbeiterinnen, die, selbst von der Hand in den Mund lebend, dennoch Geld spendeten und noch dazu um unbezahlten Urlaub ansuchten, um für „Gott, Kaiser und Vaterland" patriotischen „Liebesdienst" an den Soldaten zu verrichten, ist eine Ausnahme.

Im Jahr 1866 beschäftigte die Tabakfabrik 750 Arbeiterinnen und Arbeiter. Das Gros der Arbeiterschaft war weiblich und in der Betriebshierarchie ganz unten angesiedelt. An der Spitze standen die Verwalter beziehungsweise Direktoren, deren Führungsstil oft autoritär und willkürlich war. Darunter rangierten die leitenden Beamten für Koordination, Planung und Organisation – ebenfalls Männer, die besser entlohnt wurden und über Privilegien wie Urlaubsanspruch oder Dienstwohnungen verfügten. Den leitenden Beamten unterstellt waren Werkführer und Werkmeister sowie die Aufseher, die aus den männlichen Angehörigen der Arbeiterschaft rekrutiert wurden. Die unterste Stufe bildeten alle anderen Arbeiterinnen und Arbeiter. Im Jahr 1895 waren in Schwaz zwölf leitende Beamte angestellt, Werkführer gab es sieben, hinzu kam ein Portier. Exemplarisch zeigt die Gehaltstabelle der oberen Chargen aus dem Jahr 1862 an der Spitze der Gehaltspyramide den Verwalter Josef Holzhammer (Amtsjahre 1852–1871) mit einem Jahresgehalt von 1260 Gulden, am unteren Ende verdiente ein Kanzlei-Assistent 367½ Gulden.

Für die Beamten gab es in der Tabakregie Aufstiegsmöglichkeiten. Zwei der in obiger Tabelle genannten Beamten, Franz Kikowsky (Amtsjahre 1872–1884) und Franz Benesch (1885–1891), kletterten in den Folgejahren die Karriereleiter bis an die Spitze. Eine exemplarische Recherche im Tiroler Anzeiger nach der Jahrhundertwende verdeutlicht außerdem die hohe räumliche Mobilität des Leitungspersonals eines Staatsunternehmens der k. k. Monarchie: Beispielsweise übernahm der nach Schwaz versetzte Vizedirektor der Tabakfabrik in Rovigno (Istrien), Attilio Luxander, im Mai 1910 die Stelle des verstorbenen Vizedirektors Richard Burjanek. Am 5. Oktober 1911 wurde berichtet, dass der k. k. Sekretär Paure von der Tabakfabrik Schwaz nach Linz übersetzt wurde. Gleichzeitig wurden zur Einlösung von Rohmaterialien zwei Beamte der Schwazer Tabakfabrik nach Dalmatien und ein weiterer Beamter nach Sacco ins Trentino gesandt. Der nach Dalmatien gereiste Adolf Kirchlechner ging ein Jahr später nach Zwittau, und Karriere machte auch Josef Zwölfer, als er vom substitu-

Funktion	Name	Gehalt in Gulden
Verwalter	Josef Holzhammer	1.260
Kontrollor	Johann Weiglhofer	1.050
Oekonom	Franz Benesch	945
Rechnungs-Offizial	Ignaz Rucker	840
Wagamts-Offizial	Karl Weistein	735
Fabrikations-Offizial	Franz Kikowsky	630
Fabrikations-Assistent	Karl Payr	472 ½
Fabrikations-Assistent	Jakob Kleinhappel	420
Kanzlei-Assistent	Ferdinand Schlick	367 ½

Gehaltstabelle der Beamten in der Tabakfabrik Schwaz, 1862.

ierenden Sekretär zum Vizedirektor der k. k. Tabakfabrik Schwaz und schließlich im Dezember 1916 zum Direktor der Tabakfabrik in Stein bei Krems ernannt wurde. Der während des Ersten Weltkriegs amtierende – und in der Arbeiterschaft unbeliebte – Direktor Dr. Franz Wieser wurde 1918 nach Wien-Ottakring versetzt. An seiner Stelle leitete 1919 bis 1920 Inspektor Eduard Kratochvil die Fabrik.

Mit dem Ankauf benachbarter Grundparzellen konnte sich die Tabakfabrik in der zweiten Jahrhunderthälfte weiter vergrößern. 1869 wurde das Nachbaranwesen, die Natter'sche Realität mit dem Rosenwirtshaus, um 5000 Gulden gekauft. 1873 wurden der Mitteltrakt umgebaut und ein neues Rohstoffmagazin errichtet. Der Bau eines Magazins für die Fabrikate erfolgte 1885, nachdem der Staat als Betreiber der Tabakfabrik mit der Gemeinde einen Grundtausch vollzogen hatte. Im selben Jahr kam ein zweistöckiger Anbau an den nördlichen Fabriksteil hinzu. In dessen Untergeschoß wurde die neue Dampfmaschine aufgestellt und eine Schlossereiwerkstätte untergebracht. 1886 wurde eine Tischlerei errichtet.

Bis 1855 dauerte eine Arbeitsschicht im Sommer zwölf, im Winter wegen der Beleuchtungskosten nur acht Stunden. Bis 1873 wurde an ungefähr 300 Arbeitstagen pro Jahr bis zu elf oder zwölf Stunden gearbeitet. Im Sommer waren auch dreistündige Sonntagsschichten üblich.

Name	Amtsjahre	Dienstcharakter
Baron Vermetti	1830-1832	Geschäftsleiter
Franz Brandl	1833-1835	Geschäftsleiter
Josef Peter	1836-1837	Fabriksverwalter
Adolf Hermann	1838-1842	Geschäftsleiter
Karl von Wandrath	1843-1844	Beizmeister, Direktionskommissär
Ignaz Freiherr von Kulmer	1845-1848	Geschäftsleiter und Verwalter
Alois Kratky	1849-1851	Verwalter
Josef Holzhammer	1852-1871	Verwalter
Franz Kikowsky	1872-1884	Verwalter, dann Inspektor
Franz Benesch	1885-1891	Verwalter, dann Inspektor
Georg Prodinger	1892-1897	Verwalter, dann Inspektor
Ignaz Zimmermann	1898	Direktor
Josef Franziszis	1898-1901	Inspektor
Karl Walbiner	1902	Direktor
Johann von Bayer	1903	Inspektor
Alois Neubaur	1904-1908	Inspektor, dann Direktor
Rudolf Ritter von Rainer	1909-1912	Direktor
Dr. Franz Wieser	1913-1915	Vizedirektor
Dr. Franz Wieser	1915-1918	Direktor
Eduard Kratochvil	1919-1920	Inspektor, dann Direktor
Moritz Benoni	1921-1932	Inspektor, dann Direktor
Adolf Janisch	1933-1937	Zentralinspektor, dann Direktor
Gustav Thomas	1937-1939	Oberinspektor, dann Direktor
Karl Arlt	1939-1940	Inspektor, dann Direktor
Rudolf Rust	1940-1942	Direktor
Franz Wallner	1942-1968	Direktor
Karl Arlt	1968-1995	Direktor
Adolf Hubner	1995-2002	Direktor
Unbesetzt	2002-2005	Von Linz verwaltet

Vorstände und Leiter der Tabakfabrik Schwaz, 1830–2005.

Lange Zeit wurden die Tabakprodukte in Handarbeit produziert. Bis in das Jahr 1856 besorgte man auch das Schneiden der Rauchtabake für die Pfeife mittels sogenannter Strohtruhen, einer Art Häckselmaschinen, die händisch bedient wurden. Bis 1880 wurden die Spinnmaschinen zur Herstellung der Gespunste ebenfalls von Hand angetrieben, erst danach wurden Wasser- und Dampfkraft genutzt. 1903 hielt der Elektromotor Einzug in die Schwazer Tabakfabrik, zunächst für den Betrieb der Dampfmaschine. Ab 1904 wurden auch die Spinnmaschinen elektrisch betrieben. Diese Anlagen bedienten bis 1912 ausschließlich männliche Arbeitskräfte, traute man doch nur diesen die nötige Fachkompetenz im Umgang mit Maschinen zu.

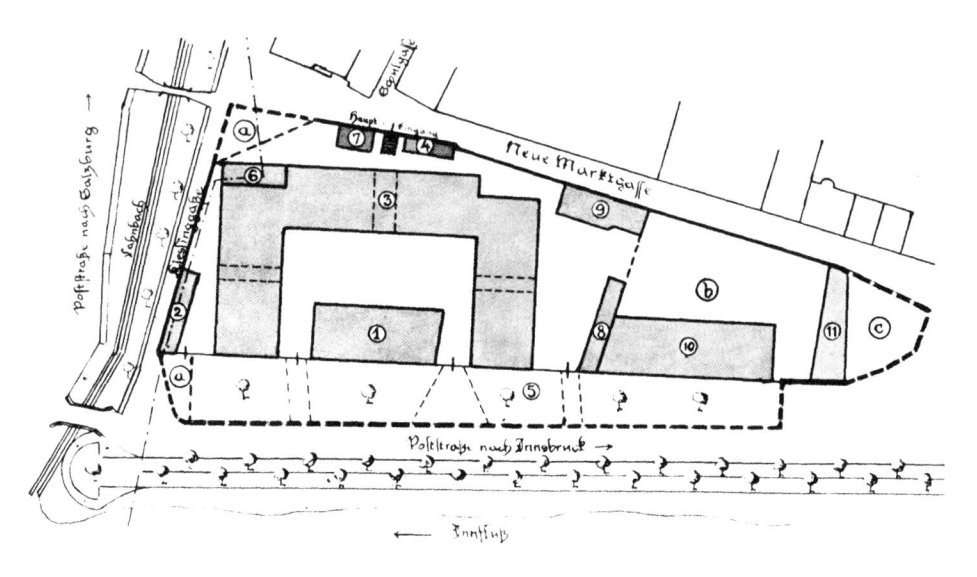

Bestandsplan der Tabakfabrik aus dem Jahr 1880.

1 Administrationsgebäude
2 Abortgebäude
3 Fabrikationsgebäude
4 Waschküche und Holzlager
5 Fabriksgärten
6 Turbinenhaus
7 Lagerschuppen
8 Lager für Rohstoffe
9 Lager für Feuerlöschgeräte
10 Rohstoffmagazin für Rohtabak
11 Fabrikatemagazin

Erst ab 1913 wurden die männlichen Mitarbeiter an den Spinnmaschinen von (billigeren) weiblichen Arbeitskräften aus der Zigarettenproduktion ersetzt.

Trotz der Vielzahl an Maschinen – Spinnmaschinen, Puppenpressen, Wickel- und Bündelmaschinen und dergleichen mehr – blieb Handarbeit in der Tabakfabrik weiterhin wichtig, besonders für die Herstellung von Zigarren. Denn im Unterschied zu Zigaretten, die in großer Stückzahl von Maschinen hergestellt werden konnten, gab es bei Zigarren ohne Handarbeit empfindliche Qualitätseinbußen. 1890 produzierte die Tabakfabrik knapp 47 Millionen Zigarren und bereits über 30 Millionen Stück der zunehmend modischen Zigaretten. Bis zur Jahrhundertwende steigerte sich die Produktion auf ca. 70 Millionen Zigaretten pro Jahr. Mit der Zigarette wuchs die Bedeutung von Maschinen in der Tabakindustrie. Zwei Universal-Zigarettenmaschinen, wovon eine pro Tag durchschnittlich 145.000 Zigaretten erzeugen konnte, eine Eliot'sche Zigarettenaufreißmaschine und eine schnell laufende Tabakschneidemaschine kamen in Schwaz ab 1909 intensiv zum Einsatz. 1910 erfolgte die Anschaffung von drei Tabakschneidemaschinen, einer Storrenschneidemaschine, vier „Perfekto"-Wickelmaschinen und einer Wickel- und Deckenstanzmaschine, 1911 folgten eine „Tönnis-Messerschleifmaschine" und eine in der Dresdener Zigarettenmaschinenfabrik hergestellte Zigarettenaufreißmaschine „System United".

Von der k. k. Central-Direktion der Tabakfabriken und Einlösungsämter wird, da die unterm 28. August d. J. ausgeschriebene Konkurrenz-Kundmachung zur Lieferung von Fournierhölzern zu Zigarren-Kistchen für das Verwaltungsjahr 1858 nur ein theilweises Resultat geliefert hat, eine neue Konkurrenz-Verhandlung ausgeschrieben zur Lieferung von Fournierhölzern zu: 15,000 Stück kleinen Cabannos-Kistchen für die k. k. Tabakfabrik in Schwaz. Die Offerte sind bei dem Vorstande der k. k. Central-Direktion der Tabakfabriken und Einlösungsämter in Wien, Seilerstätte, Nr. 958 bis längstens 30. November d. J. zwei Uhr Nachmittag einzubringen.

Ausschreibung für den Ankauf von Furnierholz für die Herstellung von Zigarrenkistchen, 1857.

Mahla-Klammeranschlagmaschine für die Konfektionierung von Verpackungen, 1907.

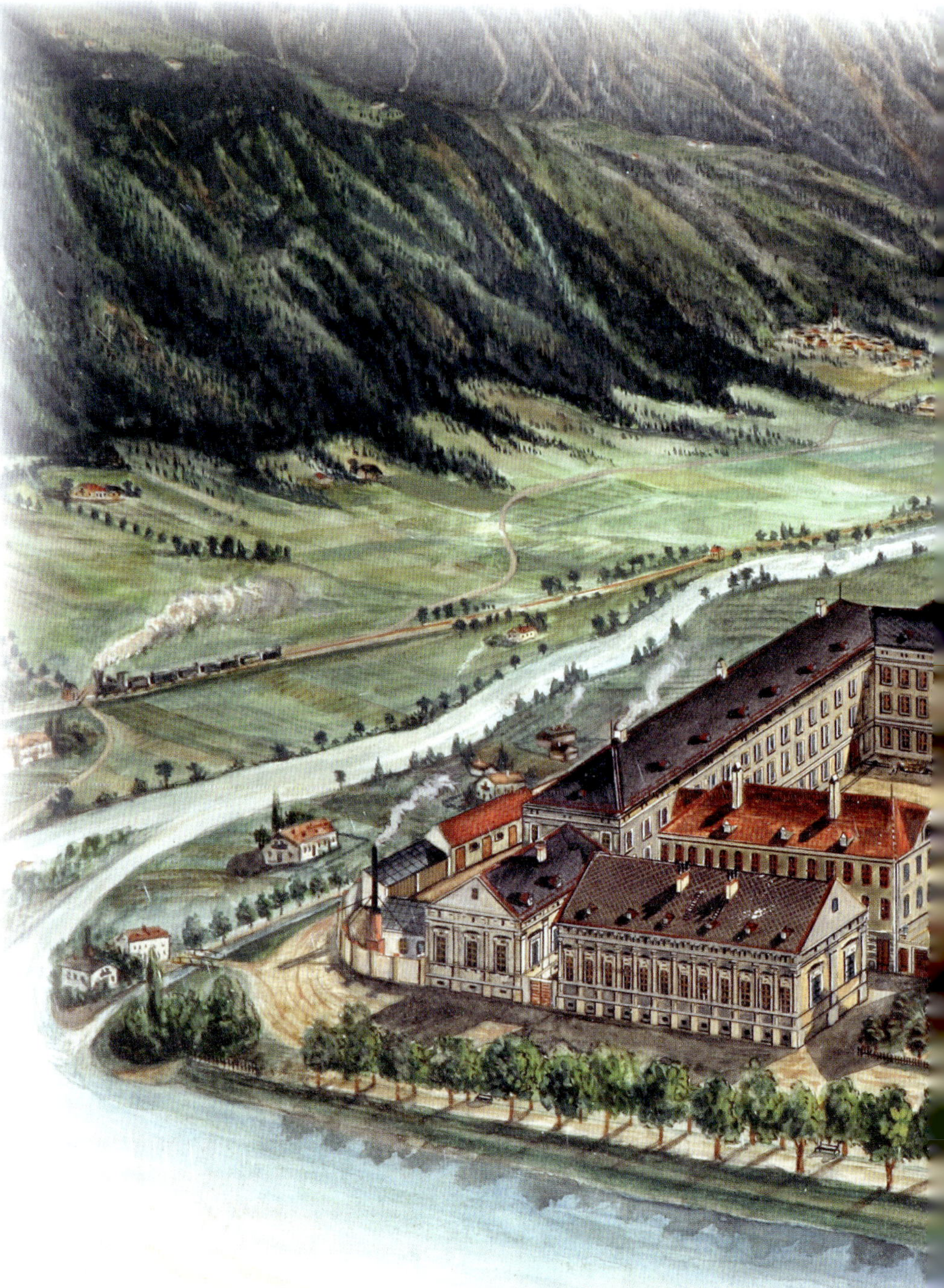

Künstlerische Ansicht der Tabakfabrik Schwaz, John S. Smutny, um 1880.

Gruppenfoto der Belegschaft der Spinnerei um 1910.

Teil der Belegschaft der Zigarrenfabrikation um 1910.

8 Arbeitsbedingungen um die Jahrhundertwende bis zum Ersten Weltkrieg

Am 28. April 1899 wurde die Marktgemeinde Schwaz zur Stadt erhoben. Zur Jahrhundertwende lebten dort 6545 Menschen, im Jahr 1900 beschäftigte die Tabakfabrik 1138 ständige Arbeiterinnen und Arbeiter. Das bedeutet, dass ein guter Teil der Einwohnerschaft von Schwaz und der umliegenden Dörfer entweder direkt oder indirekt von der Tabakfabrik lebte. Im ausgehenden 19. Jahrhundert, in der als „Gründerzeit" bezeichneten Phase der Hochindustrialisierung, wurde die sogenannte „soziale Frage", die sich um die gesellschaftlichen Begleiterscheinungen der Industrialisierung entspann, zur Arbeiterfrage. Dabei rückte vor allem die Kinder- und Frauenarbeit in den Mittelpunkt der staatlichen und kirchlichen Problemwahrnehmung. 1885 arbeiteten immer noch Hunderte Minderjährige in den Tabakfabriken der österreichischen Monarchie. Die Gewerbeordnungsnovelle von 1885 verbot endgültig die Beschäftigung von Kindern in allen fabrikmäßigen Betrieben, worunter Betriebe gemeint waren, die mit Maschineneinsatz produzierten und mehr als 20 Beschäftigte aufwiesen. Doch erst ab 1890 wurden tatsächlich keine Kinder mehr als Tabakarbeiterinnen und -arbeiter aufgenommen. Die Arbeitsordnung für die k. k. Tabakfabriken von 1899 legte ein ausdrückliches Mindestalter von 14 Jah-

Wappen der Tabakfabrik.

ren als Voraussetzung für die Einstellung fest, die endgültige Fassung von 1903 bestimmte ein Mindestalter von 16 Jahren. Diese Arbeitsordnungen wurden in den Tabakfabriken schrittweise umgesetzt. In Schwaz waren im Jahr 1902 noch 40 Mädchen unter 16 Jahren als Hilfsarbeiterinnen tätig, ein Jahr später nur noch sieben.

Die Arbeitsschichten in Tiroler Fabriken dauerten im Zeitraum 1870 bis 1918 durchschnittlich zehn Stunden pro Arbeitstag, generell konnten in Betrieben, in denen vor allem Frauen arbeiteten – in Seidenspinnereien und Tabakfabriken – die Schichten auch durchaus länger als der Durchschnitt sein. Die Schwazer Tabakfabrik kannte von 1873 bis 1898 in aller Regel den Zehnstundentag, danach betrug die wöchentliche Arbeitszeit 54 Stunden, also neun Stunden am Tag. Die Gewerbeordnungsnovelle von 1885 legte den täglichen Arbeitstag auf maximal elf Stunden (ohne Pausen) und für jugendliche Hilfsarbeiterinnen und -arbeiter auf maximal acht Stunden fest. Neu war 1885 auch die erstmalige Einführung des Mutterschutzes für Arbeiterinnen in Form einer Schutzfrist von vier Wochen nach der Geburt, jedoch ohne Kündigungsschutz und ohne Wochengeld.

Ende Dezember 1909 wurde im „Allgemeinen Tiroler Anzeiger" eine „bedeutende Erhöhung" der Arbeitslöhne ab 1. Jänner 1910 angekündigt und gleichzeitig der Samstagnachmittag freigegeben. Die Gesamtarbeitszeit von etwas mehr als 52 Stunden in der Woche blieb aber aufrecht, weshalb man im Gegenzug die tägliche Arbeitszeit erhöhte. Der Weg in die Arbeit war für die meisten Tabakarbeiterinnen und -arbeiter nicht weit. Der Großteil wohnte in Schwaz oder in den nahe gelegenen Ortschaften Vomp, Stans, Gallzein und Pill. Im Jahr 1904/1905 pendelten allein aus Gallzein 70 Beschäftigte, aus Vomp und Fiecht 60 in die Fabrik.

Früh am Morgen erschienen die Fabrikarbeiterinnen und -arbeiter nach Vorschrift ordentlich und sauber bekleidet vor dem Fabriktor. Dort wurde der Arbeitstag mit der Fabriksglocke eingeläutet, die Anwesenheit anhand von Listen kontrolliert und anschließend an alle ein Arbeitszeichen ausgehändigt. Wer zu spät kam, durfte die Fabrik nicht mehr betreten. Das Arbeitszeichen musste nach der Schicht wieder beim Portier abgegeben werden, das Fabriktor wurde

Wickeltisch zur Zigarrenproduktion.

überwacht. Kontrolliert wurde auch, ob die Hände gewaschen waren – waren sie schmutzig, ging die Hälfte des Tageslohns verloren, und wer kein Schnupftuch vorweisen konnte, verlor ein Viertel.

In den Fabrikhallen, in denen bis zu 180 Arbeiterinnen saßen, wurden die Zigarren an doppelseitigen Arbeitstischen Hand-in-Hand produziert. Der in der Tabakindustrie übliche Gedinglohn – der

Gespunstfabrikation: Entstorren der Blätter mittels der 1909 angeschafften Storrenabschneidemaschinen.

sich im Unterschied zum Zeitlohn an Stück- oder Gewichtseinheiten bemaß – schuf einen enormen Leistungs- und Zeitdruck. Lohnbasis war nämlich die vom jeweiligen Abteilungsvorstand abgezählte und in ein Buch eingetragene Tagesproduktion. Diese Form von Entlohnung beförderte die Konkurrenz, erzeugte Angst vor Lohnreduktion und Tag für Tag Unsicherheit. Auf Grund der intensiven Staubentwicklung waren manche Produktionsbereiche mehr als andere gesundheitsschädlich – dort wurden dafür etwas höhere Stücklöhne bezahlt. Die laut Gewerbeinspektorat unter „denkbar ärmlichsten Verhältnissen lebenden Mädchen"[25] der Tabakfabrik Schwaz arbeiteten aber beispielsweise im Jahr 1903 gerade in den gesundheitsschädlichsten Bereichen am intensivsten, um den höchstmöglichen Tagesverdienst von ca. drei Kronen (umgerechnet ca. 18 Euro) zu erreichen. Weibliche Fabrikarbeiterinnen kamen im Jahr 1906 auf einen Durchschnittswochenverdienst von 12,45 Kronen (ca. 65 Euro). Im Vergleich dazu kosteten in Schwaz zu dieser Zeit ein Kilo Weizenmehl 54 Heller (entspricht heute ca. 3 Euro) und ein Kilo Kartoffeln 14 Heller (entspricht heute ca. 80 Cent).

In der Zigarrenproduktion wurde in der Regel ein Gruppenakkordlohn ausbezahlt. Innerhalb der Gruppe gab es hierarchische Unterschiede. Die Wickelmacherinnen waren den Rollern untergeordnet, die als „Zwischenmeister" fungierten und den Lohn für die ganze Gruppe erhielten. Von diesem Lohn behielt der Zwischenmeister etwa zwei Drittel für sich und bezahlte vom Rest nach eigenem Ermessen die Wickelmacherinnen aus.

Die männlichen Arbeitskräfte beförderten die Tabakballen und versandfertigen Zigarren- und Zigarettenkisten, sie bedienten Lastenaufzüge, arbeiteten als Tischler, Schlosser, Heizer, Maschinentechniker, schlichteten Holz und Kohle oder versahen ein Amt als Aufseher über die weiblichen Arbeitskräfte. Dem Gros der Fabrikarbeiterinnen oblag die handarbeitsintensive, arbeitsteilige, die Gesundheit gefährdende, durch einseitige körperliche Beanspruchung gekennzeichnete Herstellung der Rauchwaren. Dabei verdienten sie nur einen Bruchteil von dem, was Männer in der Fabrik verdienen konnten. Frauenlohnarbeit galt damals und bis weit in das 20. Jahrhundert nur als Zuverdienst zum Einkommen des männlichen Familienoberhaupts.

„Der Markt Schwaz hat eine Merkwürdigkeit aufzuweisen, die im Lande nicht ein zweitesmal vorkommt, nämlich einen Zaun aus amerikanischem Holze. Mit einem solchen Zaune ist nämlich der große Vorplatz der Tabakfabrik eingefaßt. Ueber diesen unerhörten Luxus wird man sich jedoch beruhigen, wenn man hört, daß das amerikanische Holz nichts gekostet hat. Der Zaun wurde nämlich aus dem Holze der Kisten und Fässer angefertigt, in denen die amerikanischen Tabakpflanzen hieher gesendet wurden."

Eine Anekdote über die Tabakfabrik in der Volks- und Schützenzeitung 1862.

Gruppenfoto eines Teils der Belegschaft im Jahr 1910.

Hatten die Arbeiterinnen und Arbeiter ein Anliegen an die Fabriksleitung, mussten sie dieses mit „Bescheidenheit und Anstand" vorbringen, ein „bedeutendes" Anliegen, das die ganze Belegschaft betraf, war durch eine zuvor gewählte sechsköpfige Deputation vorzutragen. Lautstarke und spontane Proteste waren verboten, „demonstrative" Versammlungen auch außerhalb der Fabrik bis zum Gesetz über das Vereins- und Versammlungsrecht von 1867 untersagt.[26]

Erste gewerkschaftliche Bestrebungen, die Situation der Tabakarbeiterschaft zu bessern, datieren in die 1890er-Jahre. Jeglicher Organisationsversuch seitens der Arbeiterschaft war zuvor von der Tabakregie durch Strafen und Kündigungen unterbunden worden. 1902 fand in Wien die erste Reichskonferenz der Tabakarbeiter mit Delegierten aus 15 Tabakfabriken statt; die Gründung der „Gewerkschaft der Tabakarbeiterinnen und Tabakarbeiter Österreichs" erfolgte 1904. Ab diesem Jahr erschien monatlich, ab 1906 zweimal monatlich, die sozialdemokratische Gewerkschaftszeitung „Der Tabakarbeiter", die aber in Schwaz kaum gelesen wurde. Noch eher fand der „Christliche

Tabakarbeiter-Verband", gegründet im Dezember 1903, Zuspruch, dessen Zeitung war das „Fachblatt der Tabakarbeiter". Dass im konservativ-agrarisch geprägten Tirol die Klassenkampftheorie der Sozialdemokraten wenig Beifall fand, ist wenig verwunderlich. Nur ein Teil der Belegschaft war überhaupt gewerkschaftlich organisiert. Es gab im Jahr 1911 nur 114 Gewerkschaftsmitglieder. Nichtsdestoweniger konnte die gewerkschaftliche Vertretung österreichweit bis zum Ersten Weltkrieg bedeutende Verbesserungen für die Arbeiterschaft erzielen.

Von einem großen Wahlerfolg des christlichen Tabakarbeiterverbands in Schwaz berichtet der „Allgemeine Tiroler Anzeiger" im April 1911.

> Großer Wahlerfolg des christlichen Tabakarbeiterverbandes in Schwaz. Man schreibt uns von dort: Am Ende der vorigen Woche fanden die Wahlen in den Krankenausschuß der hiesigen k. k. Tabakfabrik statt. Dabei errang die Kandidatenliste des christlichen Tabakarbeiterverbandes einen imposanten Erfolg. Es wurden für die Kandidaten und Kandidatinnen dieser Liste 678—742 Stimmen abgegeben. Diese hohen Ziffern wurden erzielt, obwohl eine beträchtliche Anzahl von Wahlberechtigten durch Krankheit an der Wahlbeteiligung gehindert war und anderseits eine stattliche Anzahl von Verbandsmitgliedern während der letzten Monate aus der Fabrik ausgetreten und in Pension gegangen war. Der schöne Erfolg ist der Umsicht und Rührigkeit der Verbandsvorstehung und dem strammen Zusammenhalt der Mitglieder zuzuschreiben. Als gewählt erschienen: Josef Schaller, Notburga Gürtler, Anna Bruttar, Alois Fankhauser, Th. Steinacher, Kathi Obholzer. Die Sozialdemokraten erhielten nur 118—183 Stimmen. Von der Fabriksvorstehung ernannt wurden: Josef Pfisterer, Georg Hanselitsch, Fanni Scherer, Antonie Platzer, Maria Hölzl, Maria Helfer; in den engeren Ausschuß gewählt: Josef Schaller und Kathi Obholzer.

Der „Tiroler Anzeiger" vom 6. April 1911 berichtete über die Wahlen des Tabakarbeiterverbandes.

Die Tabakfabrik Schwaz zählte mit 1072 Arbeiterinnen und Arbeitern im Jahr 1900 zu den größten Betrieben in Tirol. Industrielle Frauenarbeit war in der Regel angelernte, schlechter bezahlte Lohnarbeit, im Gegensatz dazu war die besser entlohnte Facharbeit an den Maschinen den Männern vorbehalten.

Krankheiten waren für die lohnabhängigen Arbeiterinnen und Arbeiter existenzbedrohend. Die Tuberkulose, die in den Jahrzehnten um die Jahrhundertwende für 14 Prozent der Sterbefälle in Tirol verantwortlich war, grassierte besonders in der armen Bevölkerungsschicht und an Arbeitsstätten, die eine hohe Staubbelastung aufwiesen. Mit dem Krankenversicherungsgesetz von 1889 wurden Betriebskassen eingeführt, in die auch die Tabakregie als Arbeitgeber zwei Drittel der Krankenkassenbeiträge einzahlte. Ältere Formen der Krankenfürsorge, wie das 1833 in der Schwazer Tabakfabrik eingerichtete Krankeninstitut, funktionierten nach dem Prinzip der Selbsthilfe.

Ab dem Jahr 1892 bestand ein Rechtsanspruch auf Invalidenversorgung. Bis dahin war bei Dienstunfähigkeit nach Ermessen ein Almosen als Gnadenzahlung gewährt worden. Voraussetzung für den Genuss des Invalidenbezugs war eine mindestens 15-jährige Dienstzeit bei der Tabakregie, wobei jede Dienstunterbrechung – zum Beispiel aus familiären Gründen – zu einem Verlust des bereits erworbenen Anspruchs führte. Invalidenbezüge waren nach Geschlecht und Dienstjahren abgestuft.

1896 wurde die Alters- und Invalidenversorgung in der Tabakindustrie neu geregelt, indem die Arbeiterschaft je nach Tätigkeit und Verdienst in fünf Kategorien eingeteilt wurde. Am wenigsten hatten die einfachen Arbeiterinnen zu erwarten, nämlich 20 bis 40 Kreuzer pro Tag, am meisten die Aufseher mit bis zu 80 Kreuzer täglich. Das Existenzminimum wurde um das Jahr 1900 bei 48 Kreuzer pro Tag angesetzt, was nach heutiger Kaufkraft ungefähr 3,5 Euro entspricht. Am 27. September 1903 fand in Schwaz eine Versammlung statt, in der die Arbeiterschaft eine Aufstockung der Pensionen forderte. Im Jahr 1910 trat das „Statut über das Versorgungssystem für Tabakregie-Arbeiter und ihre Hinterbliebenen"[27] in Kraft. Nach 35 Dienstjahren bestand Anspruch auf die höchste Rente, ab mindestens fünf Jahren Zugehörigkeit zur Tabakregie bis zu 20 Prozent. Vor dem 60. Lebensjahr musste der Fabriksarzt die Arbeitsunfähigkeit beantragen und der zuständige Bezirksarzt bestätigen. Eine Arbeiterin konnte nun durchschnittlich 40 bis 48 Kronen Vollrente pro Monat beziehen – eine zwar geringe und eine lange aktive Dienstzeit erfordernde Pension, im Vergleich zu den Erwerbstätigen außerhalb von Staatsbetrieben aber doch eine privilegierte Situation.

Als Einstellungsvoraussetzungen in die Tabakfabrik waren durch fabriksärztliches Attest der zufriedenstellende Gesundheitszustand nachzuweisen und die sogenannte sittliche und geistige Eignung. Bewerberinnen und Bewerber mussten ein Verhaltenszeugnis vorlegen und ab 1899 auch das Arbeitsbuch beziehungsweise den Militärdienstausweis. Die Arbeitsordnung von 1899 definierte das Einstellungsalter mit höchstens 35 Jahren für Männer und Frauen. Eingestellt wurden vorrangig sogenannte Mutter- oder Vaterkinder beziehungsweise Verwandte von bereits in der Fabrik arbeitenden Personen. Bezahlter Urlaub wurde erst ab 1908 gewährt, eine gesetzliche Verankerung des Anspruchs auf bezahlten Urlaub gab es aber erst nach dem Ersten Weltkrieg.

Die Aufsicht über die Arbeitskräfte übten seit 1884 Werkführer aus, die nach zwölf Jahren Dienst als Werkmeister bezeichnet wurden. Seit 1910 trugen diese männlichen Aufsichtspersonen Uniformen, der Werkmeister führte als Erkennungszeichen eine Tabakpflanze mit Blüten aus weißem Metall, der Werkführer eine Tabakpflanze aus gelbem Metall und ohne Blüten. Den Werkführern untergeordnet waren die Arbeitsaufseher, ihnen folgten die Übernehmerinnen, die eine Zwischenposition einnahmen zwischen den männlichen Beamten und den Arbeiterinnen.

Die vorgeschriebenen Leibesvisitationen bei Verlassen der Fabrik zur Vorbeugung von Diebstahl wurden als besonders entwürdigend empfunden. Am 10. Mai 1910 schrieb der „Tiroler Anzeiger", dass den Schwazer Tabakarbeiterinnen von der Fabrikdirektion „unnötige Verletzungen des Schamgefühls" aufgezwungen würden, nachdem der Zeitung anonym folgendes Schreiben zugespielt worden war:

Depot für Feuerlöschgeräte der Tabakfabrik Schwaz, Anfang 20. Jahrhundert.

„Bekanntlich wird das Arbeitspersonal beim Verlassen der k. k. Tabakfabrik durch Aufsichtsorgane visitiert. Durch den die Visitation überwachenden Beamten werden überdies noch einzelne Arbeiter und Arbeiterinnen zu einer Extravisitation ausrangiert, die für die Männer in der Feuerwachstube, für die Frauen im sogenannten Portiersstübchen stattfindet. Hiebei haben sich die Frauen eines Teiles ihrer Oberkleider zu entledigen. So war es wenigstens bis jetzt. Gegen eine solche Anstand und Sittlichkeit wahrende Untersuchungsmethode hatte bisher niemand etwas einzuwenden. Jedoch gegen die von der Direktion neuestens anbefohlene Visitierungsart, nach welcher sich die Frauen auch des Korsetts zu entledigen hätten, muß sich die Arbeiterschaft auf das entschiedenste verwahren, weil diese Art und Weise geeignet erscheint, das Scham- und Ehrgefühl aller anständigen Frauen und Mädchen gröblich zu verletzen. Verschiedenen Arbeiterinnen-Deputationen gegenüber, welche die Direktion um die Zurückziehung der zu Rede stehenden Verordnung baten, äußerte sich die Direktion, eine Frau brauche sich vor der anderen in solcher Verfassung wohl doch nicht zu schämen. Dieser Auffassung kann die Arbeiterschaft aber durchaus nicht beipflichten, sondern ist vielmehr der Meinung, daß es nicht jedermanns Sache sei, sich unnotwendigerweise vor fremden, wenn auch demselben Geschlechte angehörigen Personen zu entblößen. Die Arbeiterschaft hält dies einmal mit ihrem Schamgefühle für unvereinbar, umsomehr, als unter den zur Visitation gelangenden Arbeiterinnen auch Frauen in anderen Umständen sich dieser Visitation unterziehen lassen müssen."

Als besondere Zumutung und Bespitzelung wurde außerdem die stete Anwesenheit der Portiersfrau angesehen. Ein Misstrauensvotum der Fabriksleitung, wie die Arbeiterschaft monierte, das auch von den Übernehmerinnen, den weiblichen Kontrollorganen, mitgetragen wurde:

„Warum die Uebernehmerinnen, welchen die Visitation obliegt und die sich als solche eines Vertrauenspostens erfreuen, nicht schon längst gegen diese höchst überflüssige Kontrolle seitens dieser Dame Stellung genommen haben, ist uns unerfindlich [...]. Natürlich, solange es manche Uebernehmerinnen gibt, welche sich von ihr Ratschläge und Verhaltungsmaßregeln erbitten, kann von einer Stellungnahme gegen diese Anmaßungen keine Rede sein. Weshalb sollte denn gerade bei den Frauen eine derartige spezielle Kontrolle geboten erscheinen, während man sie bei den Männern, die ja auch von Aufsehern oder Werkführern visitiert werden, für nicht notwendig hält? Wir hoffen zuversichtlich, daß diese völlig mit den Tatsachen sich deckende Schilderung genügt, um die getroffene und den Arbeiterinnen schwer empfundene Verfügung aufzuheben und damit die unter denselben herrschende Gärung zu beseitigen."[28]

In den Jahren nach der Jahrhundertwende wurde die Tabakfabrik vor allem um Wohlfahrtseinrichtungen und sanitäre Bauten erweitert. Unter anderem entstand 1910 ein Wärmeküchengebäude beim Haupteingang. In den Wärmeküchen mit Kochherden und Sitzgelegenheiten konnten die Arbeiterinnen das mitgebrachte Mittagessen aufwärmen – und der Arbeitgeber profitierte von einer kürzeren

K. k. Generaldirektion der Tabakregie.

Z.: 22.558 ex 1909

VIII

1995

Offert-Ausschreibung.

Bei der k. k. Tabakfabrik in Schwaz gelangt der Neubau einer Arbeiter-Abortanlage, sowie die Rekonstruktion der bestehenden Abortanlage zur Ausführung.

Behufs Sicherstellung der Arbeiten wird eine Konkurrenzverhandlung mit dem Offerteinreichungstermin bis 30. September 1909, 12 Uhr mittags, bei der k. k. Tabakfabrik in Schwaz ausgeschrieben.

Das Nähere ist aus den Kundmachungen in der amtlichen Wiener Zeitung, sowie in der Tiroler Amtszeitung zu ersehen.

Auskünfte werden durch die genannte k. k. Tabakfabrik, sowie im bautechnischen Departement der k. k. Generaldirektion der Tabakregie in Wien, IX., Porzellangasse 51, an Wochentagen zwischen 10 Uhr vormittags und 2 Uhr nachmittags erteilt.

Wien, am 1. September 1909.

Der k. k. Sektionschef und Generaldirektor:

Scheuchenstuel m. p.

*Ausschreibung für den Neubau einer Abortanlage, „Tiroler Anzeiger"
vom 11. September 1909.*

Werksleitung der Schwazer Tabakfabrik um 1910.

Mittagspause. 1900/1901 wurde das Arbeiterbad errichtet, eine ganz den hygienischen Vorstellungen der Jahrhundertwendezeit entsprechende Einrichtung. Für Franz Wieser bildete das „der Volkshygiene dienende" Arbeiterbad „den würdigen Schlußstein der baulichen Schöpfungen, welche den ansehnlichen Fabriksgrund, verschieden in Gruppierung und Stil, bedecken, in ihrer Gesamtheit jedoch den Eindruck eines machtvollen Etablissements erwecken."[29] Statistiken zufolge erfreute sich das Arbeiterbad überaus starker Frequenz. Innerhalb der neun Monate von Jänner bis September 1902 wurden insgesamt 15.385 Duschbäder und 2462 Wannenbäder genommen – durchschnittlich badete jede Arbeitskraft dreimal pro Monat. Für Frauen, Männer und Beamte gab es getrennte Abteilungen.

Seit 1902 verfügte die Tabakfabrik auch über eine Arbeiterbibliothek, die 1904 bereits 1100 Bände im Angebot hatte – eine im Vergleich zu anderen Leihbibliotheken beachtliche Zahl, die zwar nichts über die Lesewirkung aussagt, sehr wohl jedoch auf den Lesehunger innerhalb der Arbeiterschaft hinweist.

s. **Eine Universitätsexkursion nach Schwaz** und Hall. Die juridische Fakultät Innsbruck, die die ganz modernen Grundgedanken zu verwirklichen strebt, daß der Jurist, von dessen Wirken als Gesetzgeber, Richter und Verwaltungsbeamter Wohl und Wehe von Industrie, Landwirtschaft und Gewerbe abhängt, die praktische Bedeutung dieser Zweige der Volkswirtschaft schon während der Studierzeit kennen lernen soll, veranstaltet nun schon seit einer ganzen Reihe von Semestern ungemein lehrreiche Exkursionen zum Studium einzelner Betriebe. Am 18. Juni wurde eine solche Exkursion ins Unterinntal veranstaltet. Es handelte sich diesmal darum, zwei interessante staatliche Monopolbetriebe kennen zu lernen, die Tabakfabrik in Schwaz und das Salzsudwerk in Hall. An der Exkursion nahmen teil der pro 1914/15 neugewählte Dekan Dr. Gerloff, die Professoren Dr. v. Wretschko, Dr. v. Hörmann, Dr. Lamp und Dr. Koban, sowie gegen 20 Hörer der juridischen Fakultät. In Schwaz wurden die Exkursionsteilnehmer von dem liebenswürdigen Vizedirektor der Tabakfabrik, Dr. Franz Wieser und einem Herren Adjunkten auf das freundlichste empfangen und durch den riesigen, 1200 Arbeiter beschäftigenden, ganz modern eingerichteten Betrieb geführt, wobei ihnen hochinteressante Aufklärungen über die Technik und die sozialen Einrichtungen gegeben wurden. Die Exkursionsteilnehmer waren von der interessanten Besichtigung dieses modern geleiteten Betriebes hochbefriedigt. Im Hôtel „Post" in Schwaz wurde sodann gemeinsam das Mittagmahl eingenommen und hernach die Fahrt nach Hall angetreten. Im Sudwerk wurden die Exkursionsteilnehmer von einem freundlichen Werkführer empfangen und durch die verschiedenen Anlagen geführt, die begreiflicherweise neben der ganz modernen Tabakfabrik etwas altartig erschien. Sodann wurden die reichen Kunstschätze der uralten Salinenstadt bewundert, so das märchenhaft schöne, wie ein Dornröschen verborgene Barockschlößchen, in dem früher die Haller Stiftsdamen hausten und das hochinteressante Rathaus mit seinen Altertumsschätzen, wobei Prof. v. Wretschko interessante historische Aufklärungen gab. Nach einem kurzen, durch die Anstrengungen des Tages wohlverdienten Dämmerschoppen fuhr die Exkursionsteilnehmer hochbefriedigt am Abend wieder nach Innsbruck zurück.

Ausschnitt aus einem Exkursionsbericht der juridischen Fakultät der Universität Innsbruck im „Tiroler Anzeiger" vom 22. Juni 1914.

9 Zigaretten für die Front: Die Tabakfabrik im Ersten Weltkrieg

In den Jahren vor dem Ersten Weltkrieg erzielte die Tabakregie eine besonders hohe Produktionsleistung und dementsprechend hohe Umsätze. 1913 war der Staat Eigentümer und Unternehmer mit 30 auf das ganze Reich verteilten Tabakfabriken, in denen rund 38.000 Arbeiterinnen und Arbeiter beschäftigt waren. Laut der 200-Jahr-Festschrift der Austria Tabak wurden im Jahr 1913 im gesamten Kaiserreich über 66.000 Tonnen Tabakwaren produziert – ein Siebtel der europäischen und ein Dreißigstel der weltweiten Tabakproduktion. Als im Sommer 1914 die juridische Fakultät der Universität Innsbruck eine Exkursion nach Schwaz veranstaltete, waren in der Tabakfabrik 1200 Menschen beschäftigt.

Während des Ersten Weltkriegs war die Nachfrage nach Tabakwaren seitens der Heeresverwaltung enorm. Gleichzeitig wurde Tabak so knapp, dass man ihn strecken oder ersetzen musste, wollte man nicht ganz auf das Rauchen verzichten. Eine Tabakarbeiterin berichtete, dass während des Kriegs bei den Zigaretten so viel Sand beigemengt wurde, „daß die Finger ganz schleißig worden sind. Wir haben uns Pflaster auf die Fingerspitzen tan."[30] Zu Beginn des Kriegs wurde die Produktion von Tabakwaren unverändert weitergeführt, nachdem man mit einem baldigen Kriegsende gerechnet hatte. Nachdem sich dieses nicht einstellte und die Tabakvorräte schwanden, wurde zunächst die Sortenzahl reduziert und dann nach Alternativen für den Tabak gesucht. Die Tabakregie gab eine Studie in Auftrag, die 72 erprobte Streckmittel von A wie Adlerfarn bis T wie Torf auflistete. Ein Zusatz von zehn Prozent Buchenlaub wurde als am vorteilhaftesten empfohlen. „Im Winter 1916/17 allerdings wurden dem Landtabak schon 20 % Buchenblätter beigemengt. Später folgte eine Kriegsmischung, die aus 20 % Tabak, 40 % Buchenlaub und 40 % Hopfen zusammengesetzt war."[31]

Bei Frontsoldaten etablierte sich die Zigarette als billigere und schnellere Alternative zu Pfeife und Zigarre. Doch während die Tabakversorgung von Soldaten als kriegswichtig angesehen wurde – Nikotin sollte die Nerven beruhigen und helfen, die Angst im Schützengraben zu bekämpfen und das Alleinsein zu verdrängen –, wurde der Verkauf von Raucherwaren an Frauen beschränkt. Gegen Kriegsende wurden zwecks Rationierung Raucherkarten eingeführt, die jedoch nur noch an männliche Raucher über 17 Jahre vergeben wurden.

Viele Fabrikarbeiterinnen waren im Krieg die Hauptenährerinnen ihrer Familien. Schlecht bezahlt, kämpften sie gegen die prekäre Versorgungslage, Hunger und Krankheiten. Ab dem Jahr 1917 häuften sich Protestaktionen der Arbeiterinnen: Hungermärsche, Arbeitsniederlegungen, kleinere Tabakdiebstähle, Tätlichkeiten gegen das Leitungspersonal. Die erschreckend hohe Kinder- und Säuglingssterblichkeit im Bezirk Schwaz trug viel zu diesen Unruhen bei. Durch einmalige finanzielle Zuwendungen wollte die Tabakregie die Situation beruhigen. Im April 1917 wurde „mit Rücksicht auf die Arbeiterinnen, die Mütter sind, der Beginn der Arbeitszeit um eine halbe Stunde später angesetzt."[32] Im September 1917 wurde die rund um das Jahr 1900 eingerichtete „Suppenanstalt", eine Art Kantine, wieder aktiviert. 1918 teilte man sämtlichen männlichen Arbeitern Schwerarbeiter-Rationen zu, nicht aber den Arbeiterinnen.

In den letzten Kriegsmonaten spitzte sich die Situation in der Tabakfabrik noch weiter zu. Der „Allgemeine Tiroler Anzeiger" berichtete am 8. Mai 1918 von einem Protest der Arbeiterinnen, die „in etwas stürmischer Art ihrem Unwillen über die Behandlung hinsichtlich der Tabakszuweisungen usw. Ausdruck gegeben haben."[33] Im Juni 1918 erreichte die Belegschaft, dass zumindest den männlichen Fabrikarbeitern Tabak aus der Fabrik zugewiesen wurde, ein Privileg, das bisher nur die Beamten hatten, während die Arbeiter wie alle anderen auch „außer der Fabrik sich um eine Pfeifevoll mühen" mussten.[34] Rauchende Fabrikarbeiterinnen waren aber kein Thema.

Die bürgerlichen Vorbehalte gegen die rauchende Frau hatten längst auch in der Industriearbeiterschaft Fuß gefasst.

Wegen des Rohstoffmangels, Absatzschwierigkeiten, Einberufungen und eines Aufnahmestopps schrumpfte die Belegschaft während der Kriegsjahre. 1908 fanden 1011 Frauen in der Tabakfabrik Arbeit, zehn Jahre später waren es nur noch 662.

Danksagungsparte der Angehörigen des Werkmeisters Johann Hummel im „Allgemeinen Tiroler Anzeiger" vom 14. April 1916.

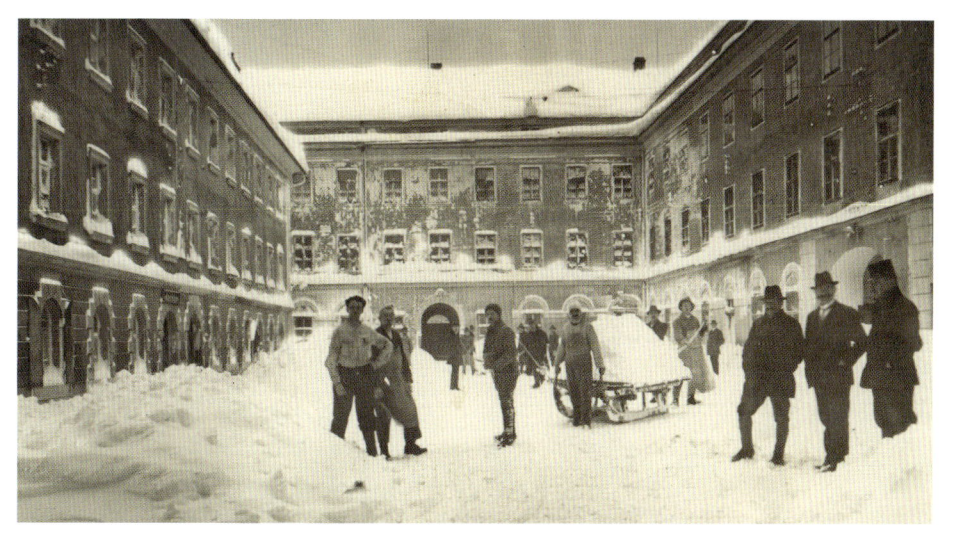

Schneeräumung im Innenhof der Tabakfabrik, 1923.

*Dr. Karl Dorrek (1870–1954),
von 1921 bis 1935 Generaldirektor der Tabakregie.*

10 Die Schwazer Tabakfabrik in der Zwischenkriegszeit

Fabriksansicht 1924.

Der Zusammenbruch der Habsburgermonarchie nach dem Ende des Ersten Weltkriegs traf auch die österreichische Tabakregie ins Mark. Sichtlich geschrumpft, verlor das Unternehmen nicht nur den Großteil seiner Fabriken, sondern auch wichtige Tabakanbaugebiete in den ehemaligen Kronländern. Auf österreichischem Boden verblieben lediglich neun der vormals 30 Produktionsstätten: Fürstenfeld, Hainburg, Hallein, Klagenfurt, Linz, Stein, Wien-Ottakring, Wien-Rennweg und Schwaz. Die hohe Inflation erschwerte die Bemühungen, an ausländischen Rohtabak zu gelangen. Dringend notwendige

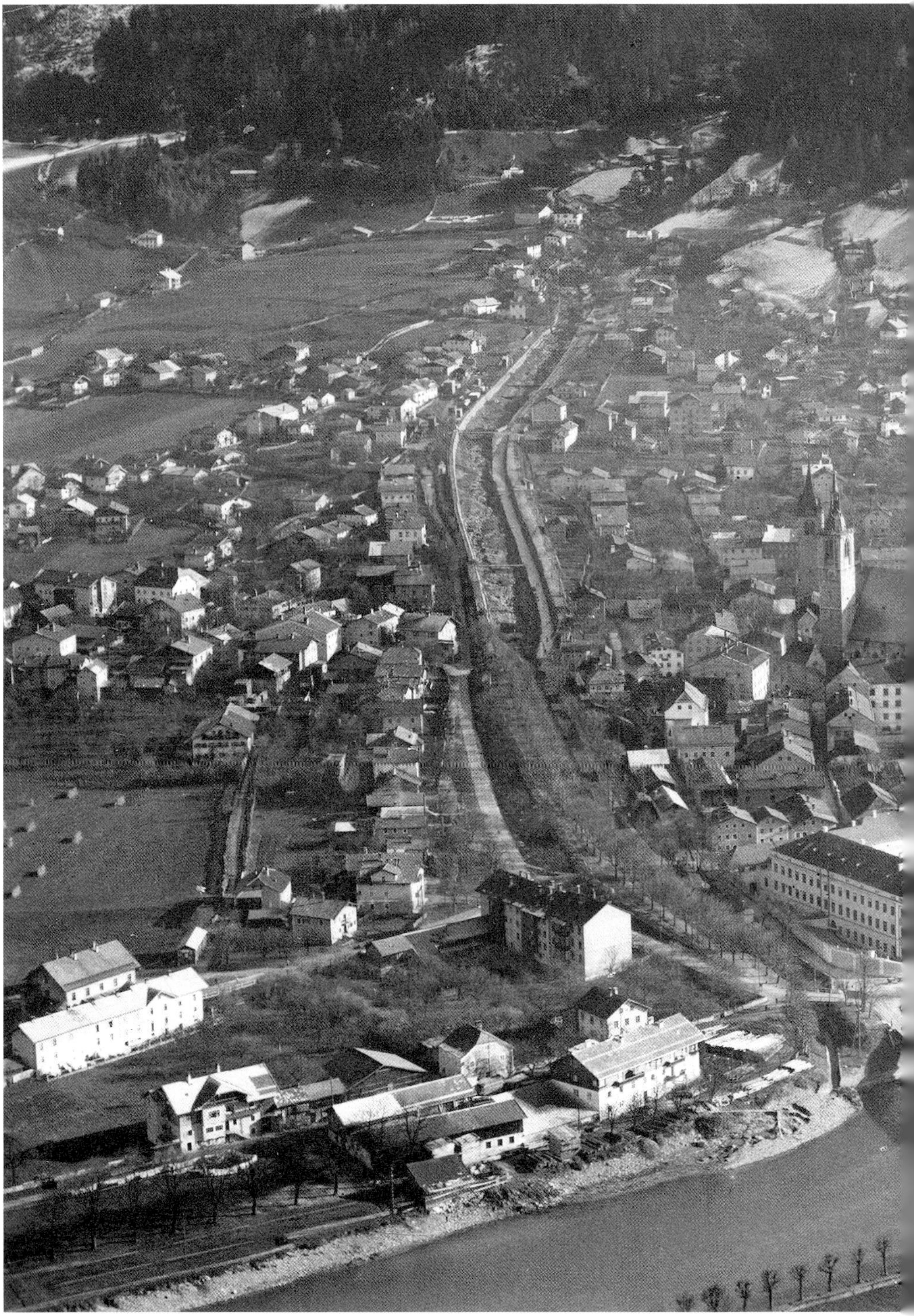

Ansicht von Schwaz mit der Tabakfabrik, 1930.

Investitionen in die Werksinfrastruktur (Gebäude und Maschinen) waren aufgrund der prekären wirtschaftlichen Lage zunächst nicht möglich. Zum Jahresende 1921 stand das Unternehmen unter der Leitung von Dr. Karl Dorrek kurz vor dem Bankrott.

Sparmaßnahmen wie Kurzarbeit und zeitweilige Entlassungen brachten keine wesentliche Erleichterung. Erst ein Kredit holländischer Investoren aus der Tabakbranche brachte die unerwartete Rettung. Durch die Finanzspritze konnten qualitativ hochwertige Rohstoffe gekauft und die Produktion wieder angekurbelt werden. Die steigende Konjunktur wirkte sich aber nicht unmittelbar auf die Beschäftigtenzahlen aus. Um zumindest den bisherigen Personalstand halten zu können, sollten ab Jänner 1923 keine neuen Arbeitskräfte mehr aufgenommen werden.

Die folgenden Jahre waren in Schwaz von einem leichten Aufschwung geprägt, der allerdings nur über weitere Rationalisierungsmaßnahmen erzielt werden konnte. So wurde 1924 die 1882 begonnene Herstellung von Zigaretten am Standort Schwaz eingestellt. Die Produktion konzentrierte sich daraufhin auf das ursprüngliche Kerngeschäft: Gespunste (Nassgespunste mit unterschiedlichen Ge-

Gespunst-Spinnmaschine in der Tabakfabrik Schwaz, vermutlich 1920er-Jahre.

Bauausschreibung im „Tiroler Anzeiger" für den Neubau von Arbeiterwohnungen, 1926.

schmacksrichtungen), Zigarren und geschnittener Pfeifentabak. Während die Zigarrenproduktion vorwiegend in Handarbeit geschah, wurden für die Gespunstproduktion elektrische Spinnmaschinen (Andrew'sche Spinnmaschinen) eingesetzt.

Mit der 1929 in Betrieb genommenen Verpackungsmaschine, die den Pfeifentabak in handliche Briefe abpackte, „wurde in der Maschinisierung der Schwazer Pfeifentabakfabrikation der Schlußstein gesetzt, so daß dieser Betriebszweig, nunmehr mit den modernsten Einrichtungen ausgerüstet, die Stufe der Vollkommenheit erreicht hat"[35], zog man im Jahr 1930 stolz Bilanz.

Bei der Zigarrenproduktion kamen ebenfalls Hilfsmaschinen wie Pressen und Trocknungsschränke zur Erhaltung des Aromas zum Einsatz, die eigentliche Produktion hing jedoch noch immer stark vom Geschick der einzelnen Arbeiterin ab.

Zigarrenfabrikation, Saalansicht, 1926.

1930 stellte man elf verschiedene Zigarrensorten her (Havanna, Virginier, Gaisberg, Britanica, Trabuco, Cuba, Portorico, Gemischte Ausländer, Senor, Stumpenzigarren sowie Brasilvirginier). Im Jahr zuvor war die Jahreserzeugung von Zigarren bei insgesamt 21 Millionen Stück gelegen. Ende der 1920er-Jahre beschäftigte die Tabakfabrik Schwaz 26 Angestellte und 600 Arbeiterinnen und Arbeiter. Über 80 Prozent der Beschäftigten waren Frauen.

Einlagenauswaage in der Zigarrenfabrikation, 1928.

Rauchtabakfabrikation für Pfeifentabak, 1928.

Zigarrenfabrikation, Havanna- und Brasilvirginier-Erzeugung, 1929.

Andrew'sche Spinnmaschine angetrieben durch Transmissionsriemen, 1929.

Die Investitionen ermöglichten nicht nur den Ankauf von Rohstoffen, am Standort Schwaz begann ab 1924 auch eine intensive Bautätigkeit: Neubauten ersetzten baufällig gewordene Fabriksgebäude. Das Gebäude, in dem die Zigarettenproduktion untergebracht war, erfuhr einen Umbau, Gebäudeteile wurden daraufhin für Verwaltungs- und Wohnzwecke genutzt. In dieser Zeit erhielt die Tabakfabrik größtenteils jenes Aussehen, das sie bis zu ihrer Schließung im Jahr 2005 haben sollte. Das Portierhäuschen, der stadtseitige Haupteingang, die Einfriedungsmauern sowie die Gehsteige entlang der Bundesstraße sowie der Wopfnerstraße, die Freitreppe und Besucherhalle wurden errichtet. Man stattete die Fabrik zudem mit einer modernen Dampfheizungsanlage und einer neuen Küche aus, in der vormittags Suppe, nachmittags Kaffee für die Belegschaft gekocht wurde. In den drei Speisesälen konnten die Arbeiterinnen und Arbeiter sowie die Angestellten nicht nur diese fabriksinterne Verpflegung genießen, sondern sich auch ihre mitgebrachten Speisen wärmen.

Speisesaal der Tabakfabrik Schwaz, 1930.

Portierhäuschen mit Haupteingang der Tabakfabrik.

Büro- und Beamtenwohnhaus an der Innpromenade, 1930.

Auch in hygienischer Hinsicht bestand Sanierungsbedarf, und so wurden die Badeanlagen 1927 erneuert und ausgebaut. Die leitenden Beamten hatten eine eigene Badewanne, den männlichen Arbeitern standen zur Körperpflege zwei Wannen und zwei Duschen zur Verfügung. Für die Arbeiterinnen standen fünf Badewannen und zwei Duschen bereit. Zweimal monatlich durften die Beschäftigten die Bäder kostenlos und während ihrer Arbeitszeit benutzen, wobei Seifen, Bürsten und Handtücher von der Fabrik zur Verfügung gestellt wurden. In einer Zeit, in der kaum eine Privatwohnung über ein eigenes Bad verfügte, war dies ein willkommener Bonus.

Eine weitere Neuerung war die Betriebskrankenkasse, die gegen einen monatlichen Beitrag von zwei Schilling finanzielle Unterstützung im Krankheitsfall bot.

Zudem stand für die Belegschaft ein eigener Fabriksarzt zur Verfügung. Die zeitgemäße Ordination am Fabrikgelände war u. a. mit heliotherapeutischen Apparaten zur Behandlung von Tuberkulose ausgestattet.

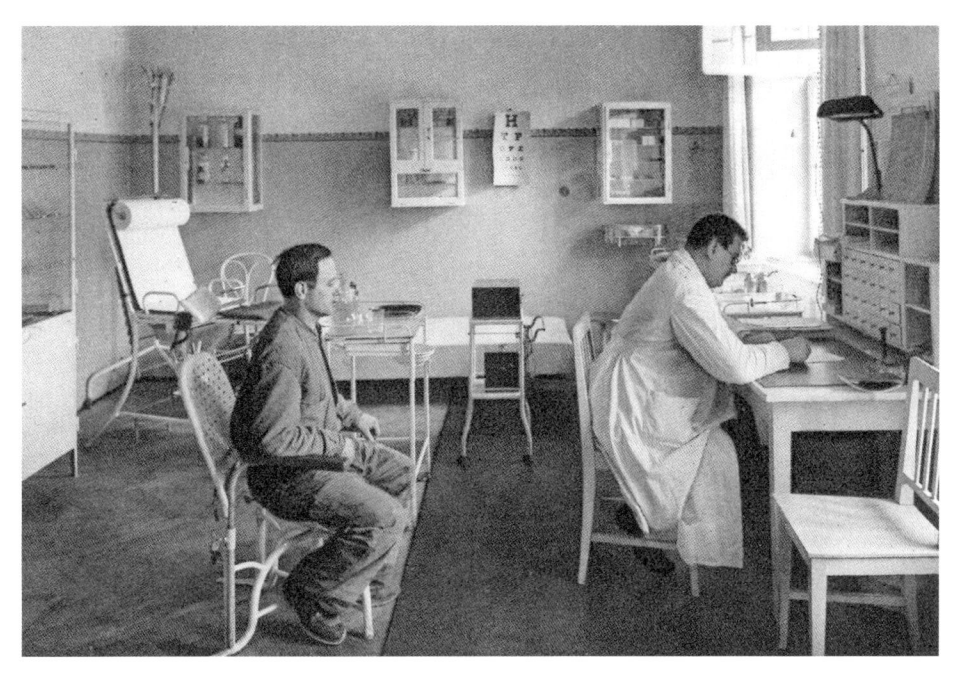

Ordinationszimmer in der Tabakfabrik Schwaz, 1930.

Ein eigener Rettungsdienst vor Ort sollte bei Unfällen am Arbeitsplatz rasche Hilfe und den Abtransport ins nahe gelegene Bezirkskrankenhaus ermöglichen. Ab 1927 wurde die Betriebskrankenkasse auch auf die Familien der Belegschaft erweitert.

Besondere Fürsorge wurde schwangeren Frauen zuteil. Sie erhielten nicht nur unentgeltlichen Hebammenbeistand sowie bei Bedarf ärztliche Hilfe, sondern wurden nach der Geburt auch mit einer „Stillprämie" ermutigt, das Kind zumindest für eine gewisse Zeit an der Mutterbrust zu ernähren. Die Sozialleistungen erstreckten sich jedoch nicht nur auf die aktiven Beschäftigten, sondern schlossen auch die Pensionistinnen und Pensionisten mit ein. Diese erhielten vergleichsweise hohe Pensionen und hatten darüber hinaus Anteil an der medizinischen Versorgung.

Doch nicht nur der Fabriksstandort wurde saniert, auch zur Behebung der Wohnungsnot in der Arbeiterschaft wurden gezielt soziale Maßnahmen gesetzt. So entstanden etwa zwischen 1926 und 1929 die heute noch bestehenden fünf Arbeiterwohnhäuser („Dorrek-Ring") mit einer Kapazität von insgesamt 70 Wohnungen. Neben der durch die regieeigene Baufirma errichteten Siedlung wurden zusätzlich vier Wohnhäuser mit insgesamt 32 Wohnungen durch die gemeinnützige Genossenschaft „Heim" erbaut.

Arbeiterwohnhäuser am „Dorrek-Ring", benannt nach Generaldirektor Dr. Karl Dorrek.

1929 und 1930 wurden erstmals seit 1923 wieder neue Arbeitskräfte aufgenommen. In diese Zeit fiel das 100-Jahr-Jubiläum der Tabakfabrik. Am 24. Mai 1930 tummelte sich in Schwaz die nationale Prominenz, und viele Schwazerinnen und Schwazer beteiligten sich an den Feierlichkeiten. Schwaz hatte sich dafür ordentlich herausgeputzt: Die Straße an der Innallee war extra für das Ereignis asphaltiert worden, die Häuser in der Stadt waren mit Tannenzweigen und elektrischen Lichterketten geschmückt. Der Festreigen wurde am 23. Mai 1930 mit einem Fackelzug begonnen, an dem sich etliche Vereine und Musikkapellen, insgesamt rund 400 Personen, beteiligten.

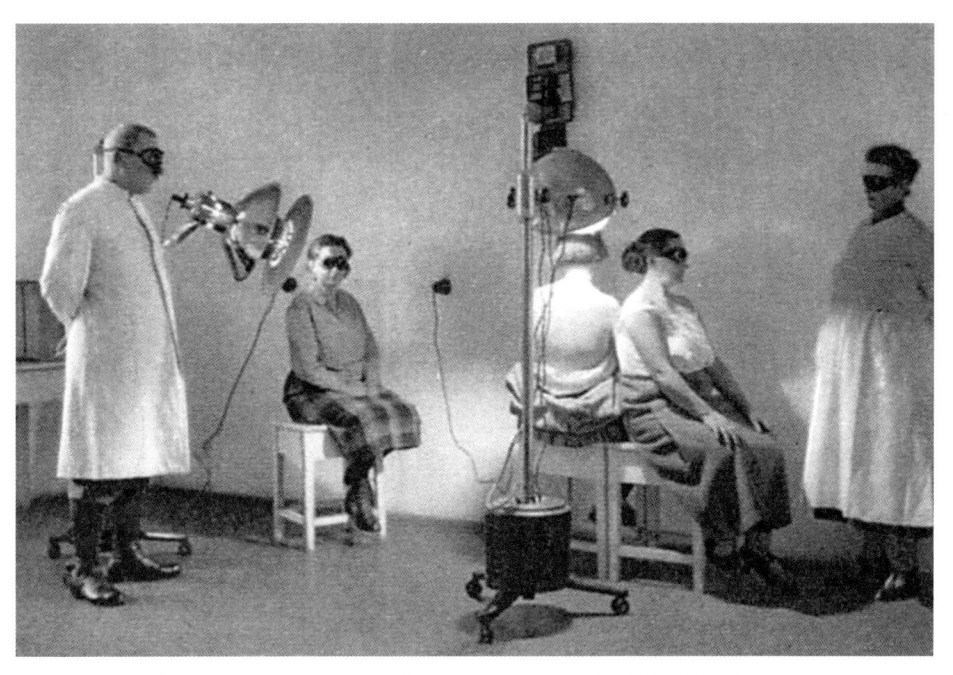

Höhensonnenapparate in der Krankenstation der Tabakfabrik, 1930.

Säuglingsstation der Schwazer Tabakfabrik, 1927.

Die eigentliche Gedenkfeier fand am nächsten Tag statt. Nach der feierlichen Ankunft des Bundespräsidenten Wilhelm Miklas (1872–1956) und dem Festgottesdienst in der Pfarrkirche begab sich der Festzug schließlich in die Tabakfabrik. Dort wurde ein Gedenkstein aus der Steinmetzwerkstatt Josef Linser und Söhne enthüllt. Mit Verweis auf die wechselvolle Geschichte des Standorts Schwaz wurde folgende Inschrift gewählt:

Tafel am 1930 errichteten Gedenkstein zur 100-Jahr-Feier.

Nach einem Festmahl im Hotel Post hielten die geladenen Honoratioren – Sektionschef Dr. Karl Dorrek, Landeshauptmann Dr. Franz Stumpf, Finanzminister Dr. Otto Juch, Bundespräsident Dr. Wilhelm Miklas sowie Bürgermeister Dr. Josef Huber – Festreden. Wegen eines plötzlichen Unwetters fand der geplante Festzug später als geplant statt. Unter der Mitwirkung zahlreicher Gruppen wurde der Festzug zu einem Spektakel, das wichtige Szenen aus der bewegten Geschichte der Stadt Schwaz inszenierte. Allen voran schritt ein Herold, ihm

Enthüllung des Gedenksteins im Fabrikshof, 1930.

folgte eine Gruppe, die die frühen Siedler aus dem Volk der Bajuwaren nachstellte, danach kamen das „Festkomittee, die Stadtmusik in Knappenuniform, Bergherren, Bergwerkswagen mit Knappen, das Personal einer mittelalterlichen Bauhütte mit einem großen Modell der Schwazer Pfarrkirche, ein Kaufmannszug aus dem Mittelalter, Landsknechte mit ihrem Trosse, Armbrustschützen, Goldschmiede mit kunstvollem Becher, Rettenbergermusik aus Wattens in Nationaltracht, Schmiede, Schlosser, Majolikafabrik mit Vorstand und Obermaler an der Spitze, eine prächtige Vase, Krüglein, Teller etc. tragend, Bau- und Möbeltischler, Drechsler etc., Landsturm, Arbeitermusikverein in Werksuniform, Maler und Anstreicher mit einem Modell des Fabrikshauptgebäudes, Huldigungswagen der Tabakfabrik samt Zunftzeichen, Zimmerleute, Metzger, Konditor und Bäcker mit einem Riesenglückszeichen (Hufeisen mit Stadtwappen) aus Schokolade und Marzipan, Riesen-Schaumrollen etc. aus der Konditorei Heiß, Kaminfeger, Musikkapelle Vomp in Tracht, Weinbau, Wirte, Schneider, Meistersinger (ursprünglich nach dem Landsknechtsfähnlein eingereiht), Landwirtschaft und Almwirtschaft mit Viehauftrieb."[36]

Festzug anlässlich des 100-Jahr-Jubiläums der Tabakfabrik im Jahr 1930, Festwagen der Tabakregie.

Die Feierlichkeiten klangen schließlich bei Musik und Tanz aus, wofür eigens ein riesiges Zelt im Stadtpark errichtet worden war.

Auch über Schwaz hinaus wurde auf die Feierlichkeiten aufmerksam gemacht. So veröffentlichte Karl Ongania am Tag der Jahrhundertfeier ein Gedicht in den „Innsbrucker Nachrichten". Unter dem Titel „Die Fee" würdigte er die Bedeutung des Tabaks und erzählte mit viel Pathos, wie das in Schutt und Asche gelegte Schwaz zu Beginn des 19. Jahrhunderts durch die Ansiedlung der Tabakfabrik wieder zu bescheidenem Wohlstand gelangte. So heißt es beispielsweise:

> *Allein – das ist das Zaubersame:*
> *Du mußt sie zünden an der Flamme,*
> *ihr Kleid verglühen Zug um Zug,*
> *sonst – wird ihr Zauber kalter Trug:*
> *Soll dir die Fee am Glücke werben,*
> *muß sie in Rauch und Asche sterben!*
> *In Rauch und Asche! Tausendmal,*
> *vieltausendmal in jeder Stund',*
> *will diese Fee die Feuerqual:*
> *Sie sucht den Tod durch Menschenmund!*
> *Denn immer wieder neuet sich*
> *ihr Leben unter fleißiger Hand*
> *vieltausendfach und vielgestalt,*
> *wo uns're Fee die Heimat fand.*
> *Je mehr sie starb, je besser warb*
> *ihr steter Tod den Schwazern Brot,*
> *das Tausenden sich dauernd bot!*
> *Das Feenheim ward zum Palast,*
> *der Hunderte von Wiegen faßt,*
> *darin sie immer neu geboren,*
> *die gute Fee, dem Brand erkoren.*[37]

Das Festgedicht erzählte die Erfolgsgeschichte der Tabakfabrik und gedachte vor allem der schwierigen Anfänge im 1809 von Krieg und Brandschatzung zerrütteten Schwaz. Die wirtschaftlichen Einbußen

Titelseite der Festschrift zum 100-Jahr-Jubiläum 1830–1930.

Bundespräsident Miklas führt den Festzug anlässlich der 100-Jahr-Feier der Tabakfabrik an, 24. Mai 1930.

Bundespräsident Miklas spricht im Innenhof der Tabakfabrik, 24. Mai 1930.

der unmittelbaren Vergangenheit blieben dabei jedoch ausgespart. Viel lieber wollte man in eine positive Zukunft blicken. In diesem Sinne sind auch die Worte des Landeshauptmanns Franz Stumpf (1876–1935) zu interpretieren, als er der Schwazer Tabakfabrik Folgendes wünschte: „Möge auch in Zukunft diesem großen Unternehmen unserer Tabakregie so wie bisher der volle Erfolg beschieden sein, und möge es auch fürderhin seinen Segen bringen der Stadt Schwaz und dem Lande Tirol!"[38]

Doch seine Wünsche sollten sich zunächst nicht erfüllen. Bereits 1931 wurden neuerliche Sparmaßnahmen – kombiniert mit Arbeitskräfteabbau, Kurzarbeit, Zwangsurlaub und Aufnahmestopp – verkündet. Am 4. Dezember 1931 hatte die Generaldirektion der Tabakregie nämlich bestimmt, dass „alle Arbeitspersonen der Tabakfabriken mit mehr als 32 Dienstjahren am 1. Jänner 1932 in den dauernden Ruhestand versetzt werden, wobei ihnen die auf 35 Jahre Dienstjahre fehlende Dienstzeit zugerechnet wird. Weiters werden alle Arbeitspersonen, die in den Jahren 1929 und 1930 in den Dienst aufgenommen wurden, abgebaut."[39] Schwaz lag nach der Tabakfabrik Klagenfurt an der zweiten Stelle der Abbaumaßnahmen. Insgesamt wurden 88 Personen pensioniert, 54 weitere entlassen. Der Stand der Arbeiterinnen und Arbeiter reduzierte sich um rund ein Viertel auf 563 Personen. Dabei war auch die Option des freiwilligen Abbaus vorgesehen, bei dem zum Beispiel Eltern anstelle ihrer eigentlich betroffenen Kinder den Dienst quittieren konnten. Diese Maßnahme zum Wohl jüngerer Arbeitskräfte musste jedoch mit Rücksicht auf den Produktionsprozess zuvor die Fabriksleitung genehmigen.

Der Abbau der Tabakfabriksarbeiter
Die Fabrik in Schwaz an zweiter Stelle der Abbauordnung. – Vor dem Ruin der Stadtgemeinde, wenn nicht anderweitig geholfen wird.

Schlagzeile zum Stellenabbau in der Tabakfabrik, „Tiroler Anzeiger" 1931.

Die Arbeitslosigkeit in der Stadt Schwaz schnellte durch den Arbeitsplatzabbau in der Tabakfabrik in die Höhe, insgesamt 480

Arbeitslose wurden gezählt. Diese Zahlen gehörten zu den höchsten in ganz Tirol. „Man muß bedenken, daß die Stadt Schwaz von der Tabakfabrik lebt"[40], titelte die Tageszeitung „Tiroler Anzeiger" angesichts der dramatischen Entwicklung am Arbeitsmarkt. Proteste, aber auch konstruktive Gegenvorschläge seitens des Betriebsrats wurden in der Wiener Zentrale der Tabakregie nicht gehört. Die Presse sorgte sich vor allem um jene Arbeiterinnen, die nach einer kurzen Phase des Aufatmens nun doch wieder ohne Beschäftigung waren: „Manche von ihnen, die jahrelang auf diese Anstellung gewartet haben und die glaubten, nun ein sicheres Einkommen zu besitzen, haben inzwischen geheiratet. Da oftmals der Mann arbeitslos ist, hat die Frau allein den Haushalt zu bestreiten. Jetzt aber wird sie auf das Pflaster geworfen."[41]

Der Vorschlag, dass die im Betrieb verbleibenden Arbeitskräfte ihre Arbeitszeit freiwillig um weitere zwei Stunden auf 40 Stunden pro Woche reduzieren würden, um so den Verbleib der „Neuen" zu ermöglichen, wurde abgelehnt. Bei einer Verlängerung der Kurzarbeitszeit von einem auf zwei Jahre wäre dies eine realistische Sparmaßnahme ohne Entlassungen gewesen, doch die Geschäftsführung ging auf diese solidarischen Vorschläge nicht ein. „Es muß nochmals darauf aufmerksam gemacht werden, daß die geplanten Abbaumaßnahmen für die Stadt Schwaz unerträglich sind, ja daß sie zum Konkurs der Stadt führen werden"[42], klagte der „Tiroler Anzeiger" im Dezember 1931 an.

Mit der Machtübernahme der Nationalsozialisten in Deutschland im Jahr 1933 kam der Tabakfabrik zunehmend auch eine politische Dimension zu. Schon 1933 wurde die Fabriksfassade mit roten Hakenkreuzen beschmiert. Seit dem Frühjahr 1934 torpedierten die in Österreich noch illegalen Nationalsozialisten den Absatz von Tabakprodukten, indem sie zu einem „Raucherstreik" aufrufen. Auf Flugblättern wurden Parolen verbreitet wie „Wer raucht, hilft Dollfuß!", „Die Zigarette ist das Abzeichen der Vaterländischen Front! Darum: Weg mit ihr!", „Ihr bezahlt mit eurem Tabakverschleiß die Verbrechergruppen des Gewaltsystems. Schluß damit" oder „In Zukunft raucht kein Nationalsozialist mehr!!"[43] Diese Propaganda war offensichtlich von Erfolg gekrönt: So soll etwa der Konsum in Innsbruck um bis zu 40 Prozent zurückgegangen sein.

1936 berichtete der „Tiroler Anzeiger" über den von der Tabakfabrik eingerichteten Mittagstisch für die Kinder der Schwazer Unterschichten. Tägliche Mahlzeiten wurden für 20 Kinder der ärmsten Schwazer Familien bereitet. Die Ehefrau des Fabriksdirektors Adolf Janisch höchstpersönlich übernahm die Beaufsichtigung der Ausspeisung und die Betreuung der Kinder während des Mittagessens. Der Zeitungsschreiber lobte jedoch nicht nur das soziale Engagement einer Frau in privilegierter Stellung, sondern rühmte noch mehr das finanzielle Opfer, das die Belegschaft für diese Ausspeisung auf sich nahm: „Doch während diese feine Frauenseele mit großer Umsicht und sonniger Mütterlichkeit alles leitet, sind es die Arbeiter, Angestellten und Beamten der Tabakfabrik, die in nachahmenswerter Weise dieses schöne Werk edler Menschenliebe voll und ganz aus eigenem finanzieren. […] Alle Achtung vor den Leuten, die von ihrem Lohn erhebliche Opfersummen wegzahlen, um dieses edle Werk zu ermöglichen. Hier wird Körper und Seele saniert, echt christliche und vaterländische Arbeit geleistet."[44]

Anfang 1937 beschäftigte die Tabakfabrik Schwaz nur mehr 409 Personen. Zum Ende dieses Jahres konnte zumindest zur Normalarbeitszeit zurückgekehrt werden.

Havanna-Virginier-Erzeugung, Besuch des Finanzministers Dr. Karl Buresch, 1934.

11 Die Schwazer Zigarettenproduktion im Zweiten Weltkrieg

Der „Anschluss" an das Deutsche Reich im Jahr 1938 brachte weitreichende Veränderungen, die auch in der Tabakfabrik Schwaz spürbar waren. Bereits 1939 wurde das staatliche Tabakmonopol aufgehoben, der Betrieb in Austria Tabak AG umbenannt und fortan als Aktiengesellschaft geführt. Doch nicht nur äußerlich vollzog sich Ende der 1930er-Jahre ein Wandel in der Unternehmensstruktur, auch die internen Arbeitsabläufe wurden „optimiert". Das breitgefächerte Produktsortiment, das 1938 österreichweit noch aus 34 verschiedenen Zigarren-, drei Virginier- und zwölf Zigarettensorten sowie 18 unterschiedlichen Pfeifen-, vier Kau- sowie zehn Schnupftabaksorten bestanden hatte, wurde deutlich verringert. 1939 wurden in der „Ostmark" nur mehr 15 Zigaretten- und 17 Zigarrensorten sowie 13 Rauchtabaksorten hergestellt.

Die spezialisierte Produktion lief dabei jedoch auf Hochtouren. 1941 wurde mit über neun Milliarden produzierten Zigaretten der Höhepunkt an Produktivität erreicht, die durch die Rohstoffengpässe in der Folgezeit jedoch deutlich einbrach. 1944 konnten nur mehr sechs Milliarden Zigaretten durch die Austria Tabak hergestellt werden.

Die Nationalsozialisten kontrollierten nicht nur die Produktpalette. Insbesondere personelle Entscheidungen im Industriebetrieb mussten der vorgegebenen politischen Linie folgen – auch in Schwaz. Mit der Machtübernahme erhielt der zuständige Kreisleiter Georg Aichholzer umfassende Kompetenzen in der Tabakfabrik. Die Kreisleitung entschied fortan, welche Personen aufgrund „politischer Unzuverlässigkeit" zu entlassen waren, wer neu angestellt werden durfte und welche Posten überhaupt neu zu schaffen waren. Doch obwohl

Arbeiterinnen vor nationalsozialistischem Sinnspruch, 1942.

die NSDAP in Schwaz auf die Anstellung von 30 bis 40 Mitgliedern der SS und SA drängte, konnten für diese Männer nur insgesamt fünf neue Posten geschaffen werden. Die Tabakfabrik blieb auch unter nationalsozialistischer Herrschaft ein Frauenbetrieb.

Zahlreiche Ansuchen um Anstellung in der Fabrik sind überliefert und veranschaulichen die schlechten wirtschaftlichen und sozialen Bedingungen, unter denen viele Menschen lebten. Zahlreiche Frauen setzten große Hoffnungen in die nationalsozialistische Führung, die ihnen Arbeitsplätze und eine Verbesserung der persönlichen Situation versprochen hatte. So suchte etwa 1938 auch eine jener Frauen um Wiederanstellung in der Tabakfabrik an, die dem Abbau 1931 zum Opfer gefallen war. In ihrem Bittbrief schreibt sie:

„Gefertigte […] war als Arbeiterin der Tabakfabrik vom Jahre 1899 bis zum Jahre 1931 ununterbrochen beschäftigt. […] Habe nun 32 volle Dienstjahre und bin in den letzten Abbau im Jahre 1931 hineingefallen. […] Mein Mann ist Hilfsarbeiter, hat auch nur geringen Lohn und war in dieser schweren Zeit auch ein paar Jahre arbeitslos und sogar auch ohne Unterstützung. Hatten deshalb ein hartes Fortkommen. Einer gütigen Berücksichtigung meiner Bitte ehegütigst entgegensehend zeichnet Hochachtungsvoll J. B."[45]

Andere suchten um Beschäftigung ihrer Familienangehörigen an und sparten nicht mit Hinweisen auf die eigene Parteitreue: „Ich ersuche die Tabakfabrik Schwaz um Anstellung für meine Tochter K. Dieselbe ging vor fünf Jahren in die öffentliche Handelsschule in Schwaz, konnte aber nirgends eine Arbeit finden. Mir ist es aber nicht mehr möglich, meine Tochter noch länger zu Hause zu behalten, da meine Einnahmen auch sehr spärlich sind. Ich bin Witwe und Mutter von sechs Kindern. […] Mein Sohn war langjähriges illegales Parteimitglied der NSDAP. […] Ich hoffe, daß eines meiner Kinder in der Fabrik in Schwaz eine Arbeit findet und [ich] meine so große Sorge erfüllt sehe."[46]

Arbeiterin bei der Zigarrenfabrikation, 1939.

Im Mai 1940 arbeiteten 315 Frauen und 40 Männer in der Schwazer Tabakfabrik. Zehn Männer und 15 Frauen waren von der Wehrmacht bereits dienstverpflichtet worden, sie wurden vor allem in der Rüstungsindustrie eingesetzt. In der Folgezeit war die Tabakfabrik wiederholt mit hohen Personalforderungen durch das NS-Regime konfrontiert, die jedoch meist mit dem Hinweis auf die Gefährdung der Produktion abgeschwächt werden konnten. So wurden 1941 von der Regierung 65 Arbeitskräfte für den Dienst in der Wehrmacht angefordert, aber nur 15 tatsächlich dienstverpflichtet. Darunter befanden sich keine Facharbeiterinnen und -arbeiter, sondern nur als „entbehrlich" klassifizierte Hilfskräfte.

Aus lebensgeschichtlichen Interviews, die im Lauf der 1980er-Jahre mit pensionierten Tabakarbeiterinnen geführt wurden, geht hervor, dass viele die Zeit des Nationalsozialismus als eine positive Zeit in Erinnerung hatten. Der Ausbau der Produktion und die Kriegswirtschaft brachten für etliche Frauen die lang ersehnte Festanstellung in der Tabakfabrik. Sie hätte es „dem Krieg zu verdanken", dass sie nun „Fabrik gehen" durfte, sagte eine der befragten Frauen, die 1943 in die Tabakfabrik aufgenommen worden war. Sie bezeichnete die Jahre als Arbeiterin in Schwaz als ihre „schönste Zeit".

Eine wichtige Rolle bei der Anwerbung neuer Arbeitskräfte spielte offenbar die Betriebsrätin Berta Cernko. Sie war bereits seit Anfang der 1920er-Jahre im Betrieb tätig gewesen und hatte sich bereitwillig in den Dienst des Regimes gestellt. 1940 ließ sie sich zur „Sozialen Betriebsarbeiterin" ausbilden. Die Einführung „Sozialer Betriebsarbeiterinnen" ist als gezielte Maßnahme der NS-Frauenpolitik zu sehen, denn Cernko sollte die Arbeiterinnen dabei unterstützen, Familie und Erwerbstätigkeit unter einen Hut zu bringen. Neben praktischen Tipps und Hilfestellung musste sie aber auch nationalsozialistische Werte wie „Rassenhygiene", „Erbgesundheit" und „Gebärfähigkeit" vermitteln und deshalb auch die Schwangeren- und Krankenbetreuung übernehmen. Im Betrieb gab es zusätzlich eine „Betriebsfrauenwalterin", die ebenfalls von der Deutschen Arbeitsfront eingesetzt worden war. Detail am Rande: Während der Zeit des Nationalsozialismus wurde auch die Feier des Muttertags in der Tabakfabrik Schwaz üblich.

Die Nationalsozialisten versuchten mit subtilen Maßnahmen, ideologischen Einfluss auf das Personal und dessen Familien auszuüben. Ganz nach dem Motto: „Wer die Jugend hat, hat die Zukunft" beschloss die Gauleitung bereits 1939, einen von der Nationalsozialistischen Volkswohlfahrt (NSV) geführten Kindergarten in der Fabrik einzurichten. Die Pläne zerschlugen sich aber bald aufgrund der aufwändigen Adaptierungsmaßnahmen in den Fabriksräumlichkeiten. Stattdessen wurde der in unmittelbarer Nähe zur Fabrik bestehende konfessionelle Kindergarten der Barmherzigen Schwestern zu einem NSV-Kindergarten und Hort umgewandelt. Dort wurden 152 Kinder betreut, mehr als die Hälfte (80) waren Kinder von Tabakarbeiterinnen. Es wurde schließlich auch ein neues Säuglingsheim am Werksgelände eingerichtet, das aber mit der Wiederaufnahme der Zigarettenproduktion 1944 aufgrund der räumlichen Beengtheit wieder geschlossen werden musste.

Feier im Speisesaal der Tabakfabrik in der NS-Zeit, 1940.

Aufführung im Speisesaal der Tabakfabrik in der NS-Zeit, 1940.

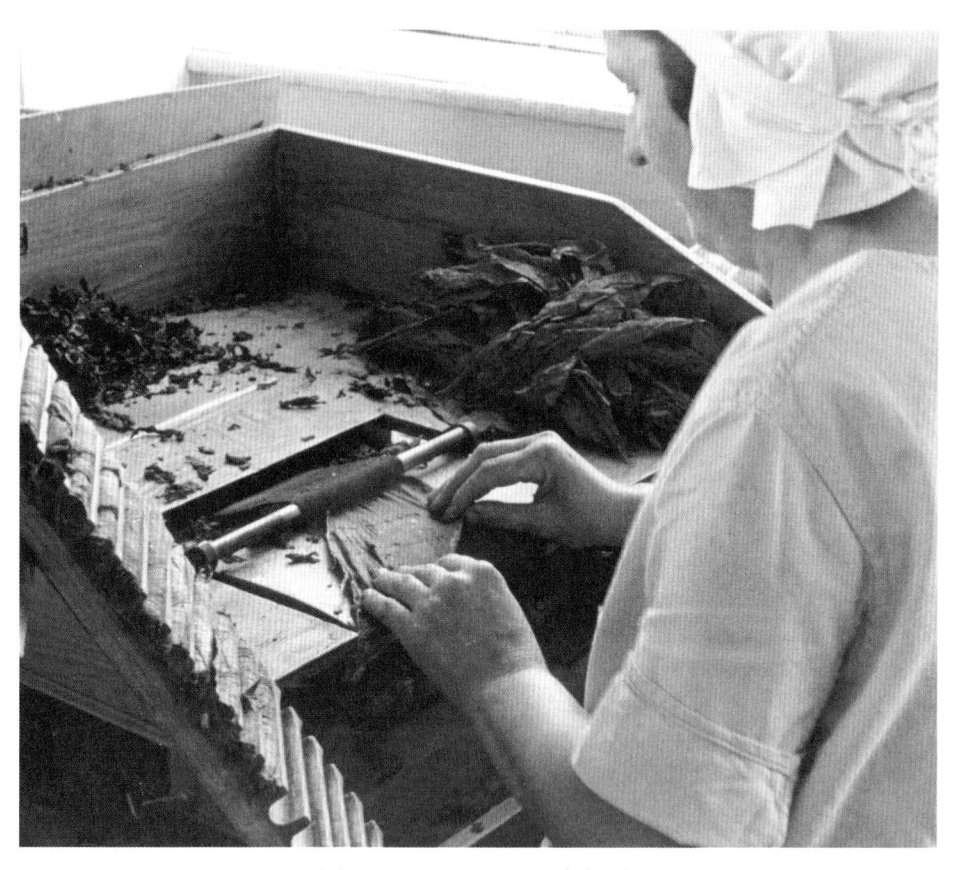

Arbeiterin an Zigarrenwickeltisch.

Die Tabakfabrik bemühte sich aber auch ihrerseits um die Anerkennung der nationalsozialistischen Führung. So beteiligte man sich mehrfach an der von der Deutschen Arbeitsfront (DAF) initiierten Wahl zum „nationalsozialistischen Musterbetrieb". Am 27. April 1940 erhielt die Tabakfabrik von Gauleiter Franz Hofer das begehrte Gaudiplom für hervorragende Leistungen und schaffte damit die erste Hürde im Rennen um das Abzeichen des Musterbetriebs. Diese begehrte Trophäe konnte die Tabakfabrik zwar nicht gewinnen, wohl aber eine Reihe anderer Ehrungen entgegennehmen: das Leistungsabzeichen für vorbildliche Sorge um die Volksgesundheit, das Leistungsabzeichen für vorbildliche Heimstätten und Wohnungen und das Leistungsabzeichen für vorbildliche Förderung der Aktion „Kraft durch Freude".

Zigarrensortiment 1943.

Diese Ehrungen zeugen vom durchaus hohen Anpassungsgrad an die Verhältnisse, wobei das Ausmaß der persönlichen Kollaboration mit den Nationalsozialisten stets zu hinterfragen ist, denn es lassen sich am Beispiel der Tabakfabrik nicht nur Geschichten der Andienung und Anbiederung an das nationalsozialistische Regime erzählen, die Tabakfabrik sah auch Szenen des Widerstands und Protests. Nach der Katastrophe von Stalingrad ließ sich etwa die Tabakarbeiterin Aloisia Waldvogel zu folgenden Aussagen hinreißen: „Der Führer ist ein Depp, sonst wäre das in Stalingrad nicht passiert. Die Soldaten sind Trottel, sonst wären sie früher übergelaufen oder hätten kapituliert. Paulus kann nun drüben mit dem Schubkarren fahren, der blöde Hund. Der Führer und seine nächste Umgebung müssen beseitigt werden, dann ist der Krieg aus."[47]

Mit diesem emotionalen Ausbruch vor rund 20 anderen Arbeiterinnen hatte Aloisia Waldvogel 1943 ihr Schicksal besiegelt. Obwohl sie bereits über 20 Jahre im Betrieb tätig gewesen war, wurde sie wegen Zersetzung der Wehrkraft zu sechs Jahren Zuchthausstrafe verurteilt. Mildernd waren ihre Unbescholtenheit, ihr Geständnis sowie die Betreuungspflichten für ihre Kinder gewertet worden.

Widerstand leistete aber auch die Fabriksleitung, als die Nationalsozialisten versuchten, den Betriebsarzt Dr. Eduard Pfister aufgrund seiner politischen Einstellung aus dem Betrieb zu entfernen. Mit dem Verweis auf die große Beliebtheit beim Personal wurde die Kündigung von der Fabriksleitung verweigert. Ab Oktober 1940 durfte Pfister allerdings nur mehr als nebenamtlicher Betriebsarzt in der Tabakfabrik ordinieren, bevor er schließlich 1941 zum Kriegsdienst eingezogen wurde. Nach seiner Rückkehr nach Schwaz 1943 hielt er nur mehr an drei Nachmittagen pro Woche Ordination am Werksgelände, blieb aber auch nach dem Krieg bis 1948 als Betriebsarzt in der Schwazer Tabakfabrik tätig.

Doch nicht nur personell wurde der Einfluss der Nationalsozialisten in der Tabakfabrik spürbar. So wurden nach und nach einige Räumlichkeiten in der Fabrik als Lagerhallen für Gerätschaften der Wehrmacht und SS genutzt. Auch eine großzügige Wohnung im Verwaltungsgebäude vergab man an einen Parteigänger. Sogar die

Werksküche wurde Ende 1940 beschlagnahmt, wobei die Suppenausspeisung für die Arbeiterinnen und Arbeiter weitergeführt werden durfte. Im Jahr 1940 konnte auch der neue Gefolgschaftsraum eingeweiht werden, der maßgeblich auf Betreiben der Nationalsozialisten eingerichtet worden war. Dazu war eine alte Maschinenhalle „fast durchwegs in freiwilliger Gemeinschaftsarbeit der Gefolgschaft, unter Leitung des Fachamtes ‚Schönheit der Arbeit' und nach den künstlerischen Entwürfen des Bildhauers K. S. Unterberger zu einem ansprechenden Raum gestaltet"[48] worden. Die Tabakfabrik gewann fortan auch als Veranstaltungsort für nationalsozialistische Feierlichkeiten an Bedeutung. In den Werksräumlichkeiten fanden Tagungen, die jährlichen Kreisappelle sowie regelmäßige Kameradschaftsabende statt.

Besonders in Erinnerung blieben etwa die Veranstaltungen des Winterhilfswerks (WHW), das Spenden für mittellose „Volksgenossen" sammelte. 1944 bewarben die „Innsbrucker Nachrichten" eine derartige Veranstaltung in Schwaz: „Anläßlich der Straßensammlung für das Winterhilfswerk, die am Wochenende durch Männer und Frauen der Deutschen Arbeitsfront durchgeführt wird, veranstaltet die Tabakfabrik Schwaz am Sonntag ab 9 Uhr früh eine reiche Veranstaltungsfolge. Filmvorführungen, Glückstopf, Glücksrad und Volksbelustigungen, ab 13 Uhr Konzert und ab 19.30 Uhr ein Kameradschaftsabend mit Musik und Theatervorstellungen werden der Bevölkerung Unterhaltung und dem Winterhilfswerk reiche Spenden sichern. In der Zeit von 9 bis 12 Uhr kann die Tabakfabrik allgemein besichtigt werden."[49]

Die Produktion ging aufgrund des Rohstoffmangels ab 1944 stark zurück: Nur mehr fünf Zigarrensorten und mit der „Sondermischung" nur mehr eine einzige Sorte Zigaretten wurden produziert. Die Werksleitung in Schwaz achtete in dieser Zeit besonders auf eine möglichst vollständige Verwertung des Rohtabaks. So wurden zwei Kehrerinnen, die ohne Erlaubnis der Fabriksleitung Tabakabfälle weggeworfen hatten, mit einer Disziplinarstrafe belegt. Sie durften bei Entfall der Bezüge drei Tage lang nicht zur Arbeit erscheinen. In Folge der „totalen" Kriegsführung ab September 1944 wurden dann auch die Arbeitszeiten in der Schwazer Fabrik erhöht. Für Frauen galt die 54-Stunden-Woche, während die Männer wöchentlich 55 Stunden im Betrieb arbeiten mussten.

Stumpenerzeugung auf der Phönix-Maschine, eine Arbeiterin beim Aufspinnen des Tabakblattes, 1943.

Trotz der persönlichen Belastungen, die die Belegschaft durch die Kriegsgeschehnisse trafen, überstand der Wirtschaftsbetrieb die nationalsozialistische Herrschaft und die Kriegsjahre relativ unbeschadet. Anfang 1945 waren 381 Personen – somit mehr als noch 1938 – in der Tabakfabrik Schwaz beschäftigt. Wie durch ein Wunder war die Fabrik bei den Bombenangriffen der Alliierten unbeschädigt geblieben, die Produktion blieb während der gesamten Zeit aufrecht. „Die Maschinen standen in Schwaz nie still."[50]

12 Aufschwung und Technisierung in den Nachkriegsjahrzehnten

Während die Schwazer Fabrik den Krieg relativ unbeschadet überstanden hatte, waren andere Standorte der Austria Tabak stark in Mitleidenschaft gezogen worden. Insgesamt hatte der Konzern massive Verluste hinzunehmen. Die Nachkriegsjahre stellten nicht nur aufgrund der Instandsetzungsarbeiten eine große Herausforderung für das Unternehmen dar, auch Rohstoffmangel und die Konkurrenz aus dem osteuropäischen Raum (Ungarn/Bulgarien) machten der Austria Tabak zu schaffen. Mithilfe gezielter Werbung wurde an das patriotische Gefühl der österreichischen Konsumentinnen und Konsumenten appelliert – Slogans wie „Raucht österreichisch!" tauchten in den Medien auf. Nach dem Krieg wurde die Unternehmensform der Aktiengesellschaft übernommen, die Republik Österreich war zunächst jedoch als alleinige Aktionärin eingetragen.

Für die Belegschaft gab es eigene Filterzigaretten.

Sortiment von Zigarren und Kautabaken.

*Dr. Richard Wlasak (1889–1962),
Generaldirektor 1948–1959*

*Nach ihm wurde
1954 der Kindergarten und
1957 die Arbeiterwohnanlage
Dr.-Richard-Wlasak-Hof
benannt.*

Noch im Herbst 1945 wurde in Schwaz die Kautabakproduktion wieder aufgenommen. Auch die Zigarrenproduktion sollte angekurbelt, die Herstellung von Zigaretten jedoch aufgrund von Rohstoffmangel mittelfristig eingestellt werden. Nachdem 1947 insgesamt drei Millionen Zigaretten der „Sondermischung" das Werk verlassen hatten, wurde die Zigarettenherstellung tatsächlich eingestellt. Die eingeschränkte Produktion wirkte sich unmittelbar auf die Zahl der Arbeitskräfte aus. Die Tabakfabrik war auch in der Nachkriegszeit ein beliebter Arbeitgeber, doch unzählige Bewerbungen mussten aufgrund eines allgemeinen Aufnahmestopps abgewiesen werden. Es sollten vorerst keine neuen Arbeitskräfte aufgenommen werden, dies galt auch für Kriegsgeschädigte. Kriegsrückkehrer, die zuvor unbefristete Stellen innegehabt hatten, durften zwar an ihre alten Arbeitsplätze zurückkehren, doch teilweise mussten zum Ausgleich unbefristete Arbeiterinnen und Arbeiter gekündigt werden. 1946 waren 425 Personen (130 Männer und 295 Frauen) sowie 30 Angestellte (26 Männer und 4 Frauen) in der Schwazer Tabakfabrik beschäftigt.

Aufgrund der Entnazifizierung kam es in der Tabakfabrik zu personellen Veränderungen. Insgesamt 50 Personen waren bis 1946 als „politisch belastet" eingestuft worden, entlassen wurden aber deutlich weniger. Unter ihnen befand sich wohl auch die Parteifunktionärin Berta Cernko, die als engagierte Nationalsozialistin nach dem Einmarsch der Alliierten verhaftet worden und über längere Zeit interniert gewesen war. Eine andere Arbeiterin berichtete etwa von einer Strafversetzung aus der Kantine, da sie nicht nur Parteimitglied gewesen war, sondern auch der Familie Cernko nahestand.

Die soziale Situation in den unmittelbaren Nachkriegsjahren war in Schwaz schwierig, es mangelte vielfach am Notwendigsten – an Nahrungsmitteln, Heizmaterial und Wohnraum. Der Wert von Tabakerzeugnissen als Tauschmittel am Schwarzmarkt war hoch, weshalb es auch zu Diebstählen und Plünderungen organisierter Banden kam. Während die Fabrik früher einen externen Wachdienst beschäftigt hatte, ging man nach dem Krieg dazu über, aus dem Personalstand der Arbeiter einen eigenen Wachdienst zusammenzustellen. Dieser sollte nicht nur Diebstähle durch externe Personen verhindern, sondern auch ein wachsames Auge auf die Belegschaft haben. Es scheint, als ob die Kontrollen der Arbeiterinnen und Arbeiter besonders in Krisenzeiten strenger gehandhabt wurden. Das alltägliche Kommen und Gehen des Personals wurde ebenfalls überwacht: So musste man den Portier passieren, sich einstempeln und jedes Verlassen des Geländes melden. Beim Austritt nach der Schicht wurde die Belegschaft genauestens überprüft. Sogar das Mittel der Leibesvisitation schien in manchen Fällen gerechtfertigt, wenn etwa vermutet wurde, dass Rohtabak oder fertige Tabakwaren aus der Fabrik geschmuggelt wurden.

Gegen den akuten Hunger, der den Schwazerinnen und Schwazern besonders zu schaffen machte, versuchte die Tabakfabrik als Arbeitgeber gezielte Maßnahmen zu setzen. So wurden beispielsweise Äcker gepachtet, auf denen 1947 Kartoffeln und Gemüse angepflanzt wurden. Diese Lebensmittel wurden nicht nur für die Werksküche verwendet, sondern auch zu moderaten Preisen an die Belegschaft verkauft. Die Fabrik hatte zudem im Jahr 1946 die Verköstigung von

Wlasak-Kindergarten der Tabakfabrik Schwaz, 1954.

Wohnungsanlage Dr.-Richard-Wlasak-Hof, 1957.

250 Kindergartenkindern übernommen, für die sie die tägliche Suppenausspeisung organisierte. 1946 versüßte die Tabakfabrik insgesamt 1920 Schwazer Kindern mit jeweils einem Kilo Rohzucker das Weihnachtsfest.

Durch die massiven Bombardierungen waren weite Teile der Stadt schwer in Mitleidenschaft gezogen, und der Wohnraum in Schwaz war auch aufgrund des massiven Zuzugs von Geflüchteten knapp. Die Tabakfabrik und ihre Arbeiterwohnungen hatten wie durch ein Wunder die Kriegsjahre unbeschadet überstanden, und so konnte die Fabrik zum Teil sogar Notquartiere für aus dem Osten Österreichs geflüchtete Angehörige der Austria Tabak anbieten. Doch auch einige Schwazer Arbeiterinnen und Arbeiter waren mit ihren Familien „ausgebombt" und nach 1945 auf Wohnungssuche. Aus diesem Grund erwarb die Austria Tabak Grundstücke in Schwaz, um neue Heimstätten zu schaffen.

Die Werkswohnungen wurden in Schwaz von der gemeinnützigen Wohnbaugesellschaft „Riedenhof" erbaut. Als Tochtergesellschaft der Austria Tabak errichtete sie österreichweit Wohnhäuser für die Belegschaft und deren Familien. 1949 waren die ersten 28 Wohnungen in der Dr.-Karl-Dorrek-Straße sowie in der Dr.-Richard-Wlasak-Straße bezugsfertig. 1957 und 1963 folgten nochmals größere Bauprojekte der Riedenhof Wohnbaugesellschaft, die insgesamt 109 weitere Wohnungen für Angehörige der Tabakfabrik schuf.

„Die Fabrik war immer ein sozialer Betrieb", erinnerte sich die ehemalige Sekretärin Martha Österer. Doch der soziale Gedanke endete nicht bei der Schaffung von Wohnraum für die Belegschaft:

„Am Vormittag gab es aus der hauseigenen Küche eine Suppe, zu Mittag ein frisch gekochtes Essen, weiters stand ein Stationsbad mit mehreren Wannen und Duschen (betreut von der Badefrau Lore Kandler) zur Verfügung, was ja in kaum einem Haushalt vorhanden war. Im Kinderheim, das sich bis zum Bau des Wlasakkindergartens (1952) im Fabriksgebäude befand, wurden die Kinder ab sechs Wochen betreut."[51]

Das neu errichtete Betriebssäuglingsheim und der Kindergarten zählten zu den modernsten Einrichtungen Österreichs. Die gute Ver-

Bundespräsidentschaftskandidat Prof. Dr. Denk wird im Jahr 1957 von Direktor Franz Wallner durch das Kinderheim der Tabakfabrik geführt.

sorgung der Kinder im Werkskindergarten erhöhte die Vereinbarkeit von Familie und Beruf. Viele Fabriksarbeiterinnen kehrten nach der Geburt eines Kindes nach nur wenigen Wochen an ihren Arbeitsplatz zurück. Doch die traditionellen Geschlechterrollen, die der Frau trotz Berufstätigkeit den Hauptteil der Familien- und Hausarbeit aufbürdeten, lasteten schwer auf den Tabakarbeiterinnen. Eine ehemalige Mitarbeiterin erinnert sich an die Herausforderungen, denen sich ihre Mutter, ebenfalls eine Bedienstete der Tabakfabrik, täglich stellen musste:

„Zwoa hat sie miaßn mitnehma in Kindergartn, net. Mei Schwester wor a bißl älter wia i, und die oane hat sie tragn, und die andere hat miaßn gehen. No is sie wieder nit nachganga, und sie allaweil z'spat dran. […] Nocha hoamgehn, net, die ganze Wäsch waschn, net, und all Samstag und Sonntag, die Wohnung putzn und alls. Na, de habns scho wirklich hart ghabt."[52]

Trotz der kargen Umstände erinnerte sich die Mitarbeiterin jedoch positiv an ihre Kindheit:

„Ja, ja, mein Gott, als Kinder, mir habns nit so schlecht ghabt, weil Vater und Mutter a Arbeit ghabt habn, net."

Auch die 1923 geborene Mundartdichterin Rosa Erler-Lechner erinnerte sich 2005 an ihre Kindheit:

„Mein Vater war Maschinenschlosser, die Mutter bei der ‚Zigarre'. Meine Mutter konnte dann wegen mir zu Hause bleiben, sie hatte schon 27 Dienstjahre. Ich, und nicht nur ich, wir waren glückliche Fabriklerkinder. Weihnachten in der Fabrik!! Ein Traum für uns. Lichterbaum, Barchentstoff, Kakao, Keks … Es war eine gute, schöne Zeit, wir waren glücklich …"[53]

Die mittelfristig eingestellte Zigarettenproduktion konnte im Jahr 1949 wieder aufgenommen werden. Bis dahin hatte sich die Schwazer Fabrik auf die limitierte Produktion von Zigarren und Kautabak konzentriert. Mit Beginn der 1950er-Jahre sollte es aber zu einem deutlichen Aufschwung kommen. Als essenziell für den Rohstoffeinkauf erwiesen sich die Mittel aus dem Marshallplan. Nicht nur die Zigarettenproduktion legt davon Zeugnis ab, auch im Bereich der Herstellung von Zigarren kehrte man zur früher erzielten Qualität zurück. So wurden ab 1951 auch die „Rosita"-Zigarren wieder in Schwaz gedreht. Zudem wurden bis 1976 verschiedene neue Zigarrenmarken entwickelt: „Großglockner", „Arlberg", „Portorico", „Princesas" und „Picolo" hießen die beliebten Kreationen.

Aus den Lebenserinnerungen von Martha Österer, einer zur Chefsekretärin aufgestiegenen Arbeiterin der Tabakfabrik, lässt sich ein lebhaftes Bild von den Arbeitsanforderungen nach dem Krieg zeichnen. Österer wurde im Februar 1949 mit 34 anderen Frauen aus 600 jungen Bewerberinnen ausgewählt. Obwohl sie als ausgebildete Handelsschülerin lieber in der Kanzlei gearbeitet hätte, waren zunächst nur Stellen in der Produktion frei, denn viele der beliebten Posten in der Verwaltung wurden an Kriegsheimkehrer und Kriegsinvalide

Arbeiter an der Zigarreneinlagen-Entripp- und -Reißmaschine, 1954.

Einlegen eines Blattes in die Stanze an der Zigarren-Komplett-Maschine, Formator/Stuttgart, 1954.

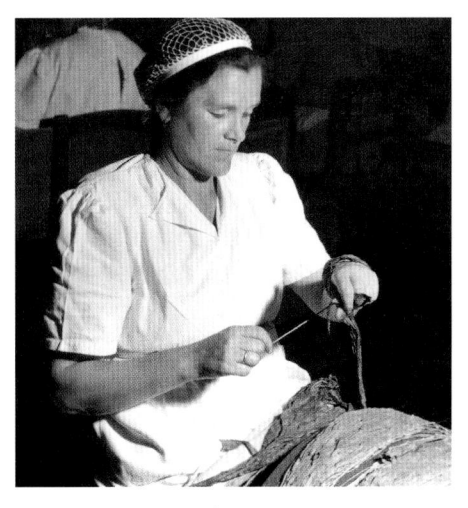

*Arbeiterin beim Entrippen
eines Tabakblatts, 1954.*

*Zigarrenfabrikation,
Spinnen, 1958.*

Arbeiterinnen beim Lösen der Einlagentabake auf dem Löseband, 1956.

vergeben. So musste Martha Österer in der Zigarrenerzeugung beginnen, wo sie eine neunmonatige Lehre absolvierte.

„Wir wurden in einem eigenen Saal, dem Lehrsaal, geschult. Einige Wochen waren wir ‚Puppenmacherinnen'. Der Kern der Zigarre war die sogenannte ‚Puppe', eine Mischung aus zerkleinertem Tabakgemisch, von einem Tabakblatt umhüllt und in die richtige Form gebracht. Die Puppe kam in eine Holzwickelform und wurde ca. 24 Stunden gepresst. Dann lernten wir das ‚Spinnen'. Über die Puppe wurde spiralförmig ein Deckblatt ‚gesponnen', d. h. gewickelt. Als Deckblatt gab es feine, gleichfärbige Tabakblätter. Während dieser Arbeit waren wir ‚Spinnerinnen'."[54]

Auch Inge Wöritz, die 1955 als Arbeiterin in die Fabrik eintrat, beschreibt ihre Anfänge in der Zigarrenproduktion.

„Das war nicht so einfach, die Großglockner herzustellen, da das Blatt entsprechend der Drehung der Rundspitze rausgeschnitten und geklebt werden musste. Manche Mädchen haben sich unglaublich schwer getan, manche aber auch unglaublich leicht."[55]

Bis Ende der 1950er-Jahre hatte die Produktion von Zigaretten jene von Zigarren wieder deutlich überholt. Nicht nur in den Herstellungszahlen, sondern auch im Bereich der angebotenen Sorten. 1959 hatte die Austria Tabak 16 verschiedene Zigarren, aber schon 20 Zigarettensorten im Sortiment. Dies mag auch damit zusammenhängen, dass durch die Besatzung amerikanische Zigaretten, die süßlicher waren als die hierzulande bekannten orientalischen, an Beliebtheit gewannen. Die aus Virginia-Tabaken hergestellten „Ami-Zigaretten" wurden zu einer Art Statussymbol, dem sich auch die Austria Tabak in ihrer Produktion nicht entziehen konnten. Auch optisch reagierte man auf die spezifische Nachfrage, denn in den 1950er-Jahren änderte sich das Aussehen der Zigaretten: Aus den ursprünglich ovalen wurden runde Filterzigaretten. Diese waren zudem leichter maschinell zu fertigen.

Folgende Markenzigaretten wurden in Schwaz gefertigt: ab 1963 Falk und Johnny Filter, ab 1966 Hobby, ab 1968 Milde Sorte und ab 1969 Memphis. „Milde Sorte", die erste Leichtzigarette, entwickelte sich sogar international zum Verkaufsschlager.

Zigarettenstrangmaschine, Verteiler und Abschneider.
Aufnahme beim Besuch von Prof. Dr. Wolfgang Denk mit Direktor Wallner, 1957.

Produktionsprogramm der Tabakfabrik Schwaz.

An der Zigarettenproduktion lässt sich auch die rasante Technisierung im Werk nachvollziehen. Die Filterzigaretten wurden im Überrollverfahren hergestellt, wofür die Tabakfabrik Maschinen der führenden Hamburger „Hauni Maschinenbau AG" ankaufte. „Die Strangmaschinen, die nun zum Einsatz kamen, wurden mechanisch oder pneumatisch mit der nötigen Menge an Schnitttabak versorgt. Jeweils ein Tabakstrang wurde mit Zigarettenpapier umrollt. Es folgte das Abschneiden der Tabakkörper der Zigarette. Gleich daneben positionierte die Filteransetzmaschine den Filter zwischen zwei Tabakkörper. Alle drei Teile wurden mittels Belagpapier im sogenannten Überrollverfahren verklebt. Als letzten Schritt galt es, die doppelte Filterlänge in der Mitte zu durchtrennen. Damit war die Zigarette fertig."[56]

Die Beschreibung führt eindrücklich die hochtechnisierten Abläufe vor Augen, die nicht nur die Produktivität der Fabrik erhöhten – eine solche Strangmaschine fertigte rund 40.000 Zigaretten pro Stunde –, sondern die internen Arbeitsabläufe zunehmend veränderte. Die Technisierung und Automatisierung der Herstellung forderte jedoch ihren Tribut: Die Beschäftigungszahlen in der Fabrik gingen seit den 1950er-Jahren kontinuierlich zurück. Zu Kündigungen kam es jedoch kaum, die Reduktion des Personalstands konnte weitgehend über die natürlichen Abgänge durch Pensionierung erreicht werden. Nur dringend benötigtes Fachpersonal wurde neu eingestellt.

„Es war furchtbar schwer, beim Musil [damaliger Generaldirektor der Austria Tabak] einen neuen Mann durchzubringen. Da mußte man ihm immer wieder kommen und mehrmals nach Wien fahren, bis man den Generaldirektor überzeugt hatte"[57], erinnerte sich etwa Karl Arlt, der damalige Direktor der Schwazer Fabrik, an die Personalpolitik nach dem Zweiten Weltkrieg.

Feuchten der Einlagetabake im Feuchttunnel, 1956.

Aroma- und Saucenküche.

Zwischen 1960 und 1982 verringerte sich der Personalstand der Austria Tabak österreichweit von 4223 auf 1578 Personen. Noch Ende der 1960er-Jahre arbeiteten wesentlich mehr Frauen als Männer in der Fabrik – der ehemalige Betriebsleiter Peter Steinlechner spricht von 80 Prozent Frauen. Mit der zunehmenden Automatisierung der Produktion reduzierte sich dieser Anteil jedoch bis ins Jahr 2000 auf 40 Prozent.

„Die Arbeitsmoral in der Fabrik war durchwegs hoch, nicht zuletzt wegen der guten Bezahlung und der Sozialeinrichtungen", erinnerte sich Peter Steinlechner an seine Zeit in der Fabrik. Die Loyalität zum Arbeitgeber war hoch: „Die beste Bude, die es gegeben hat."[58] Dazu trugen nicht nur die betriebliche Sozialpolitik bei, die schon frühzeitig eine Sozialversicherung und einen eigenen Betriebsarzt anbot, sondern auch Initiativen, die den Zusammenhalt der Belegschaft fördern sollten. So wurde etwa in den Bereich Betriebssport investiert: Sportkegeln, Tischtennis und Schach waren die ersten Sek-

Arbeiterin beim Sortieren der Zigarren und Einlegen in Wörner-Schieber, 1956.

Zigarrenverpackung, PMB Bering-Maschine, 1958.

Faschingsfeier in der Tabakfabrik, Sieben Zwerge, ca. 1940.

tionen, später kamen Schisport und Rodeln, Fußball und Tennis hinzu. Seit 1972 hatte die Tabakfabrik auch eine eigene Watter-Sektion, deren Mitglieder sich dem beliebten Tiroler Kartenspiel verschrieben hatten und sogar eigene Meisterschaften bestritten. Doch nicht nur sportlich engagierte man sich, auch in kultureller Hinsicht hatte die Tabakfabrik einiges zu bieten. In lebhafter Erinnerung blieben die ausgelassenen Faschingsfeste, die in der Fabrik gefeiert wurden. Die Feierlichkeiten am Faschingsdienstag, die auch einen Umzug der verkleideten Arbeiterinnen und Arbeiter inkludierten, begannen bereits am Vormittag und dauerten oft bis in die Abendstunden hinein. Eigens für das Fest wurde „vorgearbeitet" und im Voraus besonders intensiv produziert, um ohne Furcht vor Produktionsrückgängen den Fasching feiern zu können. Erst 1987 wurden die innerbetrieblichen Faschingsfeiern eingestellt.

Reklametafel der Austria Tabakwerke.

13 Vom Krisenbetrieb zum Vorzeigewerk (1970–1997)

Anfang der 1970er-Jahre zeichnete der Wirtschaftsbericht des Linzer Marketingprofessors Ernest Kulhavy ein düsteres Bild von der Zukunft der Tabakfabrik Schwaz: Als kleiner Standort sei die Fabrik nicht konkurrenzfähig, Investitionen würden sich nicht lohnen, und man solle die Fabrik in Schwaz lieber früher als später schließen. Diese Empfehlung blieb nicht ohne Nachhall in der Bevölkerung. So beschäftigte sich ein angehender Architekt in seiner Abschlussarbeit bereits 1978 mit der Frage nach einer sinnvollen Nachnutzung des Areals. Seine Planung sah in erster Linie vor, neuen Wohnraum im Herzen der Stadt zu schaffen. Doch auch eine Ladenzeile entlang der Wopfnerstraße sowie Gemeinschaftseinrichtungen wie etwa einen Kindergarten, einen Jugend- und einen Altenclub als generationenübergreifende Begegnungsräume waren im Projekt angedacht.

Doch Karl Arlt, der Direktor der Tabakfabrik, wollte sich nicht geschlagen geben. Er traf mit der Belegschaft eine Vereinbarung zur Steigerung der Effizienz der Fabrik. Urlaube durften vorzeitig konsumiert werden und das Personal bei wenig Arbeit nach Hause gehen. Dank dieser Maßnahmen und dank des unbedingten Einsatzes der Mitarbeiterinnen und Mitarbeiter wandelte sich das Schwazer Werk relativ rasch zu einem Vorzeigebetrieb.

1978 errichtete man für den Vertrieb eine eigene Halle in Thaur bei Hall und schuf so in der Fabrik mehr Platz für die Lagerung von Rohtabak. Ein weiterer Vorteil des neuen Thaurer Standorts war der Anschluss an das Bahnnetz. Dies war immer ein Manko des Vertriebsstandorts Schwaz gewesen, denn sämtliche An- und Auslieferungen mussten dort per LKW erfolgen.

In Schwaz wurde zugunsten der Intensivierung der Zigarettenproduktion die Herstellung anderer Tabakerzeugnisse zurückgefahren und schließlich eingestellt. Anfang der 1980er-Jahre wurden in Schwaz weder Kautabak noch Rauchtabake oder Zigarren gefertigt. Während der Kautabak mittlerweile einen unprofitablen Absatzmarkt darstellte, wurde die Zigarrenproduktion am steirischen Standort Fürstenfeld zentralisiert. Schwaz konzentrierte sich inzwischen hauptsächlich auf die Herstellung von sogenannten Lizenzmarken, d. h. Zigaretten ausländischer Marken für den heimischen Verkauf. 1979 wurden 1,5 Milliarden Stück Lizenzzigaretten und 1 Milliarde Zigaretten von Eigenmarken in Schwaz produziert. Das entsprach einem Anteil von 16 Prozent der gesamtösterreichischen Zigarettenproduktion.

Schwaz war zwar ein vergleichsweise kleiner Produktionsstandort, jedoch außerordentlich effizient, denn insgesamt stemmten 87 Arbeiterinnen und Arbeiter sowie 18 Angestellte den Betrieb. Die Zahl der beschäftigten Frauen ging im Lauf der Zeit, vor allem seit der Einstellung der Zigarrenproduktion und mit der zunehmenden Technisierung, zurück.

Um 1980 wurde in Schwaz mit dem Schichtbetrieb begonnen und so eine 72-stündige Maschinenlaufzeit pro Woche erreicht. Die Belegschaft arbeitete nun in einer Tagesschicht von 6:00 Uhr morgens bis 14:00 Uhr oder in der Nachmittags- beziehungsweise Abendschicht von 14:00 bis 22:00 Uhr. Ende der 1990er-Jahre wurde durch eine zusätzliche Nachtschicht von 22:00 bis 6:00 Uhr früh sogar auf einen Drei-Schicht-Betrieb umgestellt, der die Erweiterung der Maschinenlaufzeit auf 112 Stunden ermöglichte.

Das Jahr 1980 ist aber nicht nur aufgrund der Einführung des Schichtbetriebs bedeutsam. Es markiert auch ein besonderes Jubiläum in Schwaz: Die Tabakfabrik feierte das 150-jährige Bestehen. Den gesamten Juni über gab es diverse Veranstaltungen – vom Tag der offenen Werkstore und sportlichen Wettkämpfe über Rätselrallys und Ausstellungen bis hin zu Konzerten: Schwaz war in Feierlaune! Am 21. Juni wurde schließlich der Höhepunkt der Feierlichkeiten erreicht, es jährte sich der Gründungstag zum 150. Mal. Nach einem

Festgottesdienst wurde unter Anwesenheit etlicher Ehrengäste wie dem Schwazer Bürgermeister OSR Hubert Danzl, dem Generaldirektor der Austria Tabak Dipl.-Vw. Ing. Alois Musil und Finanzminister Dr. Hannes Androsch am Fabriksgelände gefeiert.

Anlässlich des 150-Jahr-Jubiläums der Tabakfabrik Schwaz im Jahr 1980 sprach Finanzminister Hannes Androsch.

Das blieb jedoch nicht die einzige Feierlichkeit, die in Schwaz in den 1980er-Jahren begangen wurde. 1984 wurde anlässlich der 200-Jahr-Feierlichkeiten der österreichischen Tabakregie in Schwaz ein neues Rohstofflager eingeweiht. Insgesamt 27 Millionen Schilling hatte man in das neue Magazin, das rund 2500 Tonnen Rohtabak aufnehmen konnte, investiert. In drei Geschoßen konnte der Rohstoff gelagert werden, während in einem eingeschoßigen Anbau eine Manipulationshalle zur Prüfung und Erstverarbeitung des Tabaks eingerichtet wurde.

Ansprache von Direktor Karl Arlt.

Spatenstich für das neue Rohtabaklager am 18.3.1983.

Anfang der 1990er-Jahre kam es wiederum zu weitreichenden Investitionen am Standort Schwaz. Maschinen neuesten Typs wurden bei der führenden Produktionsfirma Körber AG (vormals Hauni) in Hamburg bestellt. Die „Protos 90-S" schaffte ein Produktionsvolumen von bis zu 8400 Zigaretten pro Minute und war somit doppelt so leistungsfähig wie ihr Vorgängermodell. Außerdem waren die neuen Maschinen leichter zu bedienen, garantierten höhere Betriebssicherheit und eine effizientere Wartung für das damit betraute Personal.

Trotz der gesteigerten Produktionssicherheit verlangten die Maschinen aufgrund der hohen Touren, auf denen sie liefen, ihren Maschinenführern und Mechanikern höchste Konzentration ab. Mit der zunehmenden Technisierung gewann ab den 1990er-Jahren auch die Elektrotechnik zunehmend an Stellenwert im Betrieb. Direktor Adolf Hubner erklärte ihre Bedeutung im Jahr 1997 so: „Wenn ich ein paar Tage nicht da bin, werden trotzdem Zigaretten produziert – ein paar Tage ohne Betriebselektriker würden aber wahrscheinlich in einem Chaos enden."[59]

Zigarettenautomat der Firma Hauni in Hamburg.

Diese Entwicklung wurde jedoch nicht nur positiv gesehen. Vor allem ehemalige Fabrikarbeiterinnen und -arbeiter äußerten sich kritisch über die „Entmenschlichung" der Produktion. „Die Maschinen reiben die Leute auf. Inzwischen gibt es eine Maschine, die über 8000 Zigaretten pro Minute produziert, die Menschen haben nur mehr Schalttafeln zu betreuen. Aus der Maschine kommen die fertigen Pakete"[60], kommentierte eine pensionierte Arbeitskraft beinahe ungläubig den Arbeitsalltag in der Fabrik. Diesen Wandel beschreibt auch die ehemalige Tabakarbeiterin Inge Wöritz. So soll es früher in der Zigarrenproduktion recht launig zugegangen sein: „wir haben während der Arbeit gesungen, geplaudert, uns gegenseitig den Inhalt von Romanen erzählt, unsere Freizeiterlebnisse ausgetauscht und Ähnliches mehr."[61]

Nach ihrem Wechsel von der Handfertigung zur Zigarettenmaschine im Jahr 1988 änderte sich jedoch vieles im Arbeitsalltag der Frau. Der Sozialkontakt zu den anderen Arbeiterinnen reduzierte sich; doch diesen Nachteil nahm Inge Wöritz in Kauf, die Arbeit an und mit der Maschine war für sie schließlich ein großes Ziel gewesen. Erst seit 1979 war es Frauen in Schwaz überhaupt möglich, eine Strangzigarettenmaschine eigenständig zu bedienen. Als Maschinenführerinnen waren sie zuvor lediglich an den Verpackungsmaschinen eingesetzt worden und hatten an den Strangzigarettenmaschinen lange Zeit nur Handlangerdienste und Reinigungsarbeiten ausführen dürfen. Trotz einer gewissen Monotonie empfand Inge Wöritz ihre Arbeit nicht als langweilig: „Die Maschine hält einen auf Trab, man muss auf so vieles aufpassen, so vieles kontrollieren, dass es trotz der vermeintlichen Eintönigkeit geradezu kurzweilig war, an dieser Maschine zu arbeiten […] meine Maschine war mein Lebensinhalt"[62], resümierte die ehrgeizige Maschinenführerin nicht ohne Stolz.

Durch kluge strategische Planung seit Beginn der 1990er-Jahre brachte auch der EU-Beitritt Österreichs am 1. Jänner 1995, der mit der Liberalisierung des Tabakmarkts und der Aufhebung des Tabakmonopols einherging, keine folgenschwere Krise am Tabakmarkt mit sich. Die Unternehmensführung hatte gezielt Mitbewerber am heimischen Vertriebsmarkt aufgekauft. 1991 gelang unter Generaldirektor

Zigarettenerzeugung und -verpackung im Jahr 1980.

Zigarettenverpackungsmaschine.

Beppo Mauhart der Einstieg in und später sogar die Übernahme des deutschen Unternehmens Tobaccoland.

Neben dem Kerngeschäft wurde auch der Immobilienbereich ausgebaut. Mit dem Einstieg in den Sportartikelsektor glaubte man einen besonderen Coup gelandet zu haben. 1993 kaufte die Austria Tabak den Sportartikelkonzern HTM, der die Marken Head, Tyrolia und Mares umfasste. Doch diese vermeintliche „Cashcow" schrieb bald rote Zahlen, bereits 1995 musste ein Sanierungsplan ausgearbeitet werden. Die Turbulenzen rund um HTM führten schließlich zur Absetzung Mauharts als Generaldirektor und zum übereilten Verkauf des Sportartikelproduzenten. Hatte man schon Ende der 1980er-Jahre hinter vorgehaltener Hand von Privatisierung gesprochen, so drängte nun in den 1990er-Jahren insbesondere die ÖVP auf die Teilprivatisierung der Austria Tabak.

Arbeiterin an der Verpackungsmaschine, 1985.

Händische Feuchtigkeitskontrolle, Josef Kröll und Emil Teißl, 1989.

Leitstation der Tabakaufbereitung.

Zwischenspeicher zwischen Erzeugung und Verpackung.

Maschinenführerin Inge Wöritz an der Zigarettenfilteransetzmaschine, 1990.

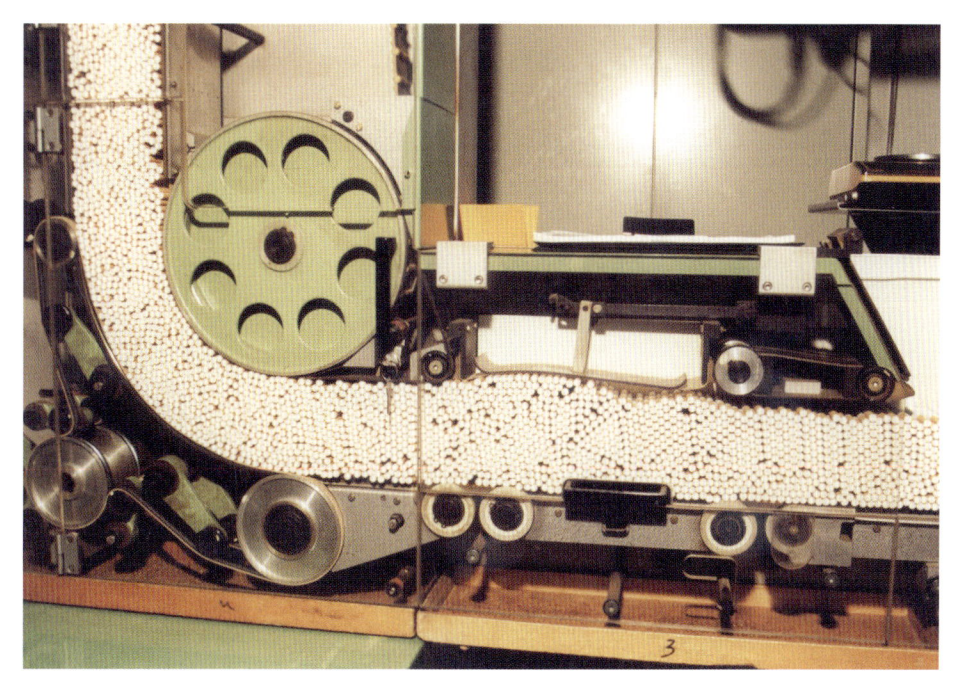

Transportband von der Erzeugung zur Verpackung.

Zigarettenverpackungsautomat.

Aufbereitungsanlage für Aromastoffe.

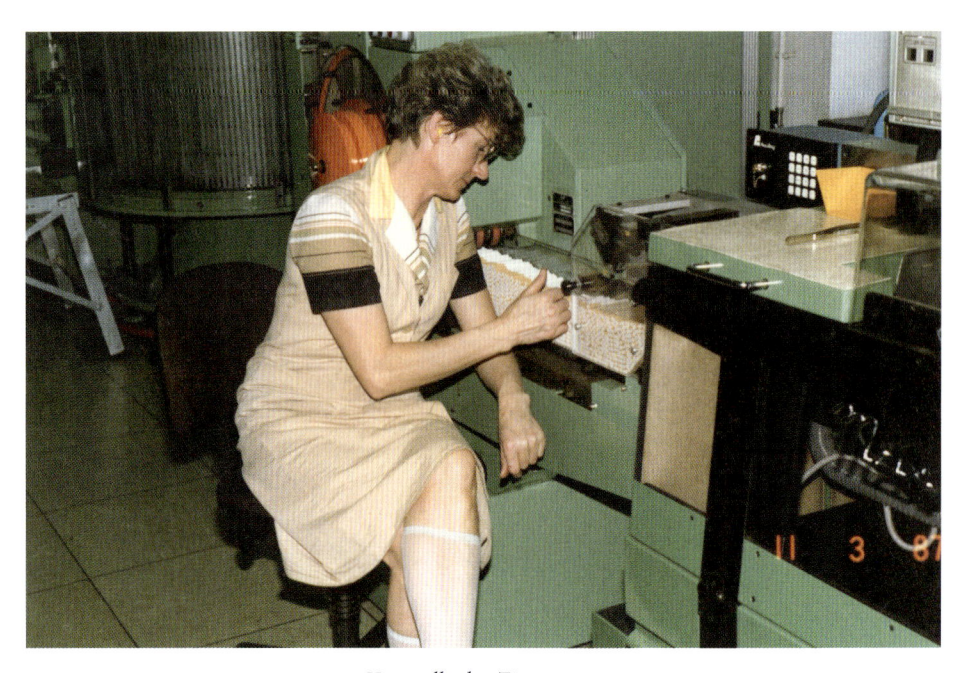

Kontrolle der Zigaretten.

14 Von der Privatisierung bis zur Schließung der Schwazer Tabakfabrik

Im Herbst 1997 kam es tatsächlich zum Börsengang. Die Nachfrage nach den Firmenaktien war enorm, noch nie in der österreichischen Börsengeschichte hatte es einen solchen Run auf Beteiligungen gegeben. 505 Schilling kostete damals eine Aktie der Tabak Austria. Während zu Beginn noch 51,5 Prozent der Aktien bei der Österreichischen Industrieholding AG (ÖIAG) lagen, gelangten bis 1999 58,9 Prozent der Aktien in Streubesitz. Die neu angelobte Koalition aus ÖVP und FPÖ besiegelte schließlich kurz nach ihrer Amtsübernahme die Totalprivatisierung. Adolf Huber, zu diesem Zeitpunkt Werksleiter in Schwaz, bezeichnete die Privatisierung als absurde Maßnahme: „Die Privatisierung war […] eine Privatisierung ohne Not."[63] Drastischer formulierte es der Betriebsratsvorsitzende Reinhard Hasenhüttl. Er nannte die Privatisierung des staatlichen Unternehmens in der Rückschau den „ersten Sargnagel".[64]

Auch Günther Berghofer, Unternehmer und bis 1990 Stadtrat in Schwaz, sprach sich gegen die Privatisierung der Austria Tabak aus. Im Rückblick sagt Berghofer: „Ich war stets der Meinung, dass ein Monopol-Betrieb wie die Austria Tabakwerke im Eigentum des Staates bleiben sollte. Unternehmen, deren Steuerhoheit vom Staat abhängt, können nur in dessen Eigentum gedeihen. Dazu ist es allerdings nötig, dass sie entpolitisiert werden und von parteiunabhängigen, qualifizierten Managern unter markt- und betriebswirtschaftlichen Bedingungen ertragsorientiert geführt werden. Die grundlegende Aufgabe des Staates besteht alleine darin, die wirtschaftlichen Rahmenbedingungen sicherzustellen, die die Wettbewerbsfähigkeit und die damit verbundene Vollbeschäftigung und damit den Erhalt der Arbeitsplätze garantieren."[65]

*Memphis, eine der gängigsten Zigarettenmarken
aus der Schwazer Zigarettenfabrik.*

Diese Stimmung wurde jedoch nicht allgemein geteilt. Viele Arbeiterinnen und Arbeiter empfanden die Privatisierung zunächst nicht als Bedrohung, sie waren sogar stolz darauf, dass ein österreichisches Unternehmen am internationalen Markt mitspielen konnte. Der Verkauf der verbleibenden ca. 41 Prozent der Aktien unter Bundeskanzler Wolfgang Schüssel für rund 770 Millionen Euro an die britische Gallaher Group trübte die allgemeine Stimmung zunächst nicht wesentlich. Umfragen am Standort Linz ergaben beispielsweise folgendes Bild: „Gallaher galt als aufstrebender Konzern mit großem Interesse an einer hohen Produktionsauslastung und Steigerung der Produktivität. In dieser Hinsicht, so die mehrheitliche Meinung und Hoffnung innerhalb der Belegschaft, würden Gallaher und die Tabakfabrik Linz gut zusammenpassen."[66] Diese Ansicht dürfte auch am Standort Schwaz geteilt worden sein.

Nach der Übernahme durch Gallaher wurde die Produktion in Schwaz zeitweise sogar durch Vier-Schicht-Betrieb noch weiter ausgebaut. Bei guter Auftragslage standen die Maschinen pro Woche nur 24 Stunden still, von Samstag 22:00 bis Sonntag 22:00 Uhr. Die

Luftaufnahme der Tabakfabrik 1984.

Die Tabakfabrik im Jahre 2005.

Maschinenlaufzeit erhöhte sich damit auf 144 Stunden pro Woche. Der britische Tabakkonzern gab den Beschäftigten das Versprechen, die Standorte zu erhalten. Weitreichende Investitionen wurden als Standortgarantie interpretiert. Die Belegschaft glaubte, dass sie durch hohen Arbeitseinsatz und steigende Produktivität den neuen Eigentümern die Rentabilität des Standorts beweisen könne. Man war sicher, „kein privater Eigentümer komme auf die Idee, ein produktives Unternehmen ohne wirtschaftliche Not zu schließen."[67] Die österreichische Tabakregie hatte aufgrund ihrer hochwertigen Erzeugnisse von gleichbleibender Qualität im In- und Ausland einen guten Ruf und nebenbei dem Staat stets hohe Dividenden beschert.

Doch die Standortgarantien, die Gallaher beim Kauf abgegeben hatte, sollten nur für drei Jahre gelten. Obwohl die einzelnen Tabakfabriken zwischen 2001 und 2004 allesamt schwarze Zahlen schrieben, begann Gallaher aus Gründen der „Gewinnoptimierung" sofort nach Auslaufen der Standortgarantie mit Ende 2004 mit der Schließung einzelner Standorte.

Am 11. Jänner 2005 wurde auch die Schwazer Belegschaft über die Schließung ihrer „Tschiggin" informiert. Laut Pia Mauretter, Vorarbeiterin in der Qualitätssicherung, sei die Belegschaft am Vormittag im Gefolgschaftsraum zusammengekommen und habe von Direktor Robert Seibezeder und dem Schwazer Betriebsleiter Johann Weißenhofer im Beisein des Betriebsrats von der bevorstehenden Schließung der Werke in Schwaz und Fürstenfeld erfahren. Die Produktion sollte nach Polen verlagert werden. Als Argument für die Schließung wurden die Festigung der verbleibenden Standorte in Österreich sowie das fadenscheinige Argument der Hilfe für notleidende Menschen in Polen vorgebracht. Mauretter zufolge habe im Raum Totenstille geherrscht, erst allmählich habe man das Ausmaß der Nachricht verstanden.

„Nach 175 Jahren Tabakwerke in Schwaz wurde von der Geschäftsleitung die Schließung ‚unserer Tschiggin' bekanntgegeben. Die Nachricht hat uns alle tief getroffen. Schwaz verliert mit der Tabakfabrik mehr als 100 Arbeitsplätze und es geht ein wichtiger sozialer, gesellschaftlicher und geschichtsträchtiger Betrieb verloren, der für ganz viele SchwazerInnen ein wichtiger Teil ihres Lebens war."⁶⁸ So fasste Bürgermeister Dr. Hans Lintner die Konsequenzen der Schließung zusammen. Mit einem Plädoyer für ein geordnetes Ende forderte er einen guten Sozialplan für die Belegschaft.

Bis Mai 2005 stand der Umfang des Sozialplans fest: Es bestand zwar die Möglichkeit, dass Beschäftigte nach Linz oder Hainburg wechselten, doch wurde dieses Angebot nur vereinzelt wahrgenommen. Alle anderen konnten sich bei der „Austria Tabak Stiftung" melden und dort Hilfe zur beruflichen Neuorientierung erhalten. In Kooperation mit dem Arbeitsmarktservice (AMS) sowie gestützt durch Gelder der Austria Tabak und des Landes Tirol konnten die arbeitslos gewordenen Tabakarbeiterinnen und -arbeiter maximal vier Jahre in der Stiftung verbleiben und sich umschulen lassen. Etliche Arbeiterinnen wandten sich etwa dem Pflege- oder Buchhaltungsbereich zu. Wollte man sich nicht in die Stiftung begeben, so bestand auch die Möglichkeit einer Abschlagszahlung. Darüber hinaus gewährte die Austria Tabak den Beschäftigten eine Abfertigung. Wichtig für viele war, dass die Betriebswohnungen nicht geräumt werden mussten, sondern nach der Schließung der Fabrik weiterhin bewohnt werden durften.

Zuletzt hatte die Tabakfabrik in Schwaz 104 Personen beschäftigt: 68 Männer und 36 Frauen. Darunter waren jedoch auch einige Leasingarbeiter sowie die externen Reinigungskräfte, die über eine Fremdfirma angemietet worden waren. Junge Arbeitskräfte verließen als Erste den Betrieb. Für sie war es oftmals leichter, anderweitige Beschäftigung zu finden. Für die älteren Arbeitnehmerinnen und Arbeitnehmer war die Situation deutlich schwieriger. Mechaniker und leitende Mitarbeiter verblieben am längsten im Betrieb. Sie organisierten nach dem Produktionsstopp im Mai 2005 den Abbau und Abtransport der Maschinen. Wie die Wiener Zentrale von Gallaher der Stadtgemeinde Schwaz mitgeteilt hatte, sollten ein Großteil der Maschinen in rumänische Produktionsstätten verlagert und das gesamte Areal inklusive der leer stehenden Gebäude veräußert werden.

Auch die Bevölkerung zeigte sich bestürzt über die Nachricht der Schließung. Von der Autorin Rosa Erler-Lechner, deren Eltern selbst „Fabrikler" gewesen waren, ist beispielsweise ein Brief an Bürgermeister Dr. Lintner mit folgendem Wortlaut überliefert: „Mit Entsetzen vernahm ich die Nachricht von der Schließung der Tabak-Fabrik. Ihre kostbare Zeit will ich nicht zu lange in Anspruch nehmen, aber ich muß sagen, daß mir diese Schließung jetzt noch, in meinem Alter weh tut."[69] Beim Lokalaugenschein der „Tiroler Tageszeitung" meldeten sich ebenfalls etliche Schwazerinnen und Schwazer zu Wort.

Ingrid Blau: „Das tut weh! Ein Stück Schwaz gehört damit wohl der Vergangenheit an. Was passiert jetzt mit den Mitarbeitern? Diese sind jetzt bedauerlicherweise die Opfer des Ausverkaufs heimischer Betriebe ans Ausland."

Gerlinde Pfurtscheller: „Ich habe bei Austria Tabak meinen Lebensunterhalt verdient. Ein Arbeitsplatz in der Fabrik war noch vor wenigen Jahren ein sicherer Job. 100 verlorene Arbeitsplätze betreffen nicht nur 100 Personen, sondern 100 Familien."

Alois Teskay: „Schwaz verliert einen seiner Paradebetriebe und eines seiner traditionsreichsten Unternehmen. Ein Arbeitsplatz in der ‚Tschiggin' bedeutete früher Arbeit bis zum Pensionsantritt und war entsprechend begehrt."[70]

Der frühere Generaldirektor Beppo Mauhart, der den Verkauf der Austria Tabakwerke stets kritisiert hatte, ließ sich folgendermaßen zitieren: „Schwaz schmerzt betriebswirtschaftlich: Nirgends in Europa gibt es eine Fabrik, die bei der Flexibilität über so hohe Produktivität und Qualität verfügt. Das ist der Preis, den man zahlt, wenn man keine Eigentümerrechte mehr hat."[71]

2007 wurde der Gallaher-Konzern von Japan Tobacco International (JTI), einem der „Platzhirsche" am globalen Tabakmarkt, übernommen. Den beiden in Österreich verbleibenden Standorten Linz und Hainburg war auf lange Sicht kein Überleben gesichert. Der Standort Linz schloss 2009 die Fabrikstore, und die Produktion in Hainburg wurde lediglich bis 2011 aufrechterhalten. Mit der Schließung dieser letzten österreichischen Produktionsstätte wurde ein Schlussstrich unter die jahrhundertelange Geschichte der österreichischen Tabakregie gezogen. In ihrer Blütezeit, Anfang des zwanzigsten Jahrhunderts, wurden in der k. k. Monarchie jährlich 1,36 Millionen Zigarren, 6349 Milliarden Zigaretten sowie große Mengen

Generaldirektor Leidinger, Bürgermeister Danzl und Landeshauptmannstellvertreter Huber.

Direktor Arlt mit Generaldirektor Mauhart und Landeshauptmannstellvertreter Prock.

an Rauch-, Kau- und Schnupftabak erzeugt. In den 30 Fabriken hatten 38.000 Arbeiterinnen und Arbeiter sowie 1200 Beamte ein sicheres Einkommen.

Nach dem Ersten Weltkrieg begann der stetige Niedergang der Tabakregie: Mit dem Ende des Habsburgerreichs gingen nicht nur zahlreiche Tabakanbaugebiete, sondern auch eine Reihe von Produktionsbetrieben verloren. 1939 wurde die Tabakregie unter nationalsozialistischer Herrschaft in die Aktiengesellschaft „Austria Tabakwerke AG" umgewandelt.

Nachdem die Austria Tabakwerke mit Abschluss des Staatsvertrages in das Eigentum der Republik Österreich rückgeführt wurden, erlebten sie eine letzte Blütephase. An acht Produktionsstätten wurden von 3500 Mitarbeitern bis zu 20 Milliarden Zigaretten, 50 Millionen Zigarren und über 270 Tonnen Pfeifen-, Kau- und Schnupftabak pro Jahr erzeugt. Der Jahresumsatz von 17,4 Milliarden Schilling bedeutete für den österreichischen Staat auch beträchtliche Steuereinnahmen, die mit der Privatisierung stetig sanken. Während die Austria Tabak im Jahr 2000 fast 83 Millionen Euro Ertragssteuern in Österreich gezahlt hatte, reduzierte sich diese Summe bis 2007 aufgrund der „kreativen Finanzgebarung" des global agierenden Konzerns auf 5,6 Millionen Euro. „Durch den Totalverkauf und die damit einhergehende Verschleuderung von Staatsvermögen ist dem österreichischen Staat nachhaltiger Schaden entstanden"[72], so lautete die abschließende Bilanz des Betriebsrats und Aufsichtsratsmitglieds Reinhard Hasenhüttl nach der Schließung der Tabakfabrik Schwaz.

15 Stadtgalerien und SZentrum – Nachnutzung des Areals

Unter die ersten Reaktionen auf die Schließungsnachricht mischte sich bereits die Forderung, das frei werdende Areal der Austria Tabakwerke (ATW) nachhaltig zu nutzen. So ließ sich etwa der Schwazer Unternehmer Erwin Überegger mit folgenden Worten in der Zeitung zitieren: „Ist nur zu hoffen, dass das Fabriksareal vernünftig verwertet wird. Also Betriebe, die die Schwazer Wirtschaft beleben und Arbeitsplätze zurückbringen, die jetzt verloren gehen."[73] Für Ing. Günther Berghofer, Seniorchef der ADLER-Werk Lackfabrik in Schwaz, war die Schließung seit Langem absehbar gewesen: „Jetzt zu jammern, hat keinen Sinn."[74]

Nachdem Gallaher Europa im Januar 2005 mitgeteilt hatte, im Lauf des Jahres die Schwazer Tabakfabrik – seit nunmehr 175 Jahren einer der wichtigsten Betriebe innerhalb des Stadtgebiets – zu schließen, schrieb Bürgermeister Dr. Hans Lintner einen offenen Brief an die Schwazerinnen und Schwazer:

„Für die Zukunft ist es wesentlich, dass wieder Arbeitsplätze errichtet werden und das Areal Impulse bringt. Auch dazu sind wir im Gespräch mit der Geschäftsleitung [der Austria Tabak]. Am schlimmsten wäre es, wenn an diesem Standort eine Industrieruine entstehen würde, daher sehen wir es als unsere Aufgabe, alles zu tun, um wieder Leben in diese Mauern zu bringen."[75]

In der Folge richtete die Stadt Schwaz eine Expertengruppe ein, die einerseits eine Bewertung des städtebaulichen Potenzials, andererseits konkrete Vorschläge für die Nachnutzung des Areals erarbeitete. Es wurde ein Konzept über Lage, Bestand und zukünftige Nutzung erstellt. In diesem städtebaulichen Konzept, das im Mai 2005 vorlag, wurde der große Rahmen über die Entwicklung des Areals festgelegt: Auf dem 14.475 m² großen Areal, das durch die Schließung der Tabakfabrik frei geworden war, sollten ein Einkaufszentrum, Wohnungen, ein Veranstaltungszentrum mit einem Stadtsaal und entsprechenden Begegnungsflächen sowie nach Möglichkeit ein Hotel errichtet werden. Der Standort war verkehrstechnisch ausgezeichnet erschlossen und durch die unmittelbare Anbindung an die Altstadt eine gegenseitige Befruchtung zu erwarten.

Eine Reihe von Investoren zeigte Interesse, das Areal der Tabakfabrik zu erwerben, darunter auch Günther Berghofer, der durch seine mehr als 20-jährige Tätigkeit als Gemeinderat, Stadtrat und Mitglied anderer Gremien die Sorgen und Nöte der Stadt mit wenig innerstädtischer Frequenz kannte. Seit mehreren Jahrzehnten hatte die Stadtgemeinde die Ansiedlung großer Handelsbetriebe am Ortsrand und in der Umgebung genehmigt und so schleichend die Kaufkraft im Zentrum geschwächt.

Grundsteinlegung 2010, v. l. n. r.:
Mag. Hannes Kronthaler, Bürgermeister Dr. Hans Lintner, Günther Berghofer,
Landeshauptmannstellvertreter Anton Steixner, Baumeister Mag. Thomas Bodner.

Nach umfangreichen Verhandlungen erhielt Günther Berghofer im Juni 2006 den Zuschlag zum Ankauf des Areals der Austria Tabakwerke durch die Berghofer Privatstiftung. Bereits im März 2006 hatte die Stadtgemeinde Schwaz der Gallaher-Gruppe die rechtsgültige Abbruchgenehmigung erteilt: Die Erhaltung und Adaptierung der Gebäude wären zu aufwändig gewesen, auch Insider wie der ehemalige Direktor Adolf Hubner hielten die Umfunktionierung beziehungsweise Integration der bestehenden sieben Gebäude in ein modernes Einkaufszentrum für unrealistisch. Daher war es für den neuen Eigentümer klar, die bereits an Gallaher erteilte Abbruchgenehmigung umzusetzen und die Werksgebäude abreißen zu lassen. Dennoch verfolgten viele Schwazerinnen und Schwazer den Abriss der Tabakfabrik mit Wehmut.

Im Rückblick resümiert Günther Berghofer: „Als der Gedanke an ein eigenes Schwazer Einkaufszentrum in meinem Kopf Gestalt annahm, war es meine Vision, Leben und Dynamik in die Innenstadt zu bringen. Ich wollte einen neuen Ort der Begegnung schaffen und Impulse für die nächsten Generationen setzen."[76]

Mit seiner zwischenzeitlich gegründeten Immobilienentwicklungsfirma ließ Berghofer gemeinsam mit der Stadtgemeinde Schwaz eine Standort- und Marktanalyse ausarbeiten, die die wesentlichen Aspekte des Areals – Lage, soziodemografische und sozioökonomische Struktur, Nutzungsstruktur des Umfelds, Erreichbarkeit und Chancen für die Errichtung eines Einkaufszentrums – berücksichtigte. Diese Analyse kam zusammenfassend zum Schluss, dass im Einzugsgebiet mit einer Bevölkerungszahl von rund 95.000 Personen ein Kaufkraftvolumen von 460 Millionen Euro für Kurzfrist- und Auswahlbedarf bestand, dazu bot die Errichtung eines Einkaufszentrums mit einem guten Branchenmix die Chance auf zusätzliche Impulse aus dem Tourismus.

Auf Wunsch der Stadt Schwaz wurde ein internationaler Architektenwettbewerb im Sinn des von der Stadt vorgegebenen Entwicklungskonzepts ausgeschrieben. Das Siegerprojekt konnte aufgrund der nicht optimalen Funktionalität, insbesondere im Bereich eines durchgängigen Einkaufszentrums und der damit erforderlichen Lösung der Verkehrsanbindung, nicht umgesetzt werden. Daher wurde ein Wiener Architekturbüro, das über viel Erfahrung in der Planung von Einkaufszentren verfügte, mit der Grundsatzplanung beauftragt. Im Lauf der Planungsphase kam es zu unterschiedlichen Adaptierungen. So wurde, nachdem bis Ende 2007 kein adäquater Betreiber für ein Hotel im gehobenen Segment gefunden werden konnte, dieses Teilkonzept verworfen. Darüber hinaus ergab sich im Zug der Planungen die Möglichkeit, das unmittelbar angrenzende alte Gebäude der Post zu erwerben und einen Office-Trakt harmonisch in das Gesamtbauprojekt zu integrieren.

Die umfangreichen Planungsarbeiten und Genehmigungsverfahren – Verkehrs- und Bauplanung, Planung der Infrastruktur wie Energie, Wasser und Abwasser, Planung und Genehmigung der Brandschutz- und Umweltschutzvorkehrungen – beanspruchten drei Jahre.

2010 konnte schließlich mit dem Bau der „Stadtgalerien Schwaz", wie das Einkaufszentrum heißen sollte, begonnen werden.

Neun Kräne prägen 2010 das Stadtbild von Schwaz.

*Der Investor der Stadtgalerien Schwaz Günther Berghofer mit dem
Architekten Dipl.-Ing. Heinrich Brunner.*

Modell der Schwazer Innenstadt mit den Stadtgalerien, 2009.

Anlässlich der Firstfeier am 7. Oktober 2011 wurde nicht nur der wechselvollen Geschichte der Stadt Schwaz und ihrer Tabakfabrik gedacht, Bürgermeister Hans Lintner warf auch einen hoffnungsvollen Blick voraus:

„Mit diesem Neubau spüren wir überall in Schwaz eine gute Stimmung, die wir nützen müssen, um gemeinsam die Zukunft zu gewinnen und unsere Stadt positiv weiter zu entwickeln."[77]

Positiv sollte auch das Energiekonzept des neuen Einkaufszentrums werden, denn die Stadtgalerien werden mittels Wärmepumpen zu 100 Prozent durch erneuerbare Energie versorgt. In dieser Hinsicht hatte sich der Bauherr ökologisch innovativ gezeigt. Eine andere Maßnahme wurde ihm jedoch von so manchem negativ angekreidet: die Fällung der Kastanienbäume an der Inn-Allee. Diese waren der erweiterten Verkehrsanbindung der Stadtgalerien zum Opfer gefallen. Die Medien berichteten von einem Aufschrei, der durch die Bevölkerung gegangen sei. Stadtpolitik und Investor standen gleichermaßen in der Kritik. Doch durch gezielte Information und das Zugeständnis, neue Alleebäume zu pflanzen, konnten die Wogen bald geglättet werden.

Nach knapp zweijähriger Bauzeit und Investitionen in der Höhe von 80 Millionen Euro wurden die „Stadtgalerien Schwaz" am 26. April 2012 eröffnet.

Ostseitiger Eingang der Stadtgalerien mit dem SZentrum.

Landeshauptmann Günther Platter, Günther Berghofer und Bürgermeister Dr. Hans Lintner.

Westseitiger Eingang der Stadtgalerien in der Wopfnerstraße.

Im September desselben Jahres folgte dann mit einem dreitägigen Veranstaltungsreigen die Einweihung des „SZentrum", das mit dem Silbersaal den neuen repräsentativen Schwazer Stadtsaal beherbergt. Der Silbersaal fasst insgesamt 800 Besucherinnen und Besucher, Knappensaal und Foyer sowie die Tabaklounge stehen für kleinere Veranstaltungen bereit.

Großzügiger Zugang zum Veranstaltungszentrum in den Stadtgalerien.

Silbersaal im SZentrum.

Heute beherbergt die moderne „Shoppingmall" über 40 Geschäfte, dazu Gastronomie- und Dienstleistungsbetriebe. Über 350 Personen aus der Umgebung – dreimal so viele wie in den letzten Jahren der Tabakfabrik – haben hier Beschäftigung gefunden. Auch das Verkehrskonzept, ein besonderes Anliegen der Investoren, erwies sich als zukunftsweisend: Es ermöglicht Besucherinnen und Besuchern, trockenen Fußes von der Barbarabrücke bis in die Innenstadt oder bis zur Steinbrücke zu gelangen. Mit der Verbreiterung der Wopfnerstraße entstanden Bushaltestellen direkt am Eingang der Stadtgalerien. Vom Bahnhof Schwaz ist das Einkaufszentrum in wenigen Minuten zu Fuß oder mit öffentlichen Verkehrsmitteln zu erreichen. Mit dem Auto parkt man in der 480 Stellplätze bietenden Tiefgarage. Und die neu gestaltete Inn-Allee lädt wieder zum Flanieren ein.

Shoppingmall in den Stadtgalerien.

Die Befürchtungen, dass nach der Schließung der Tabakfabrik eine Industrieruine im Herzen der Stadt entstehen könnte, bewahrheiteten sich nicht. Dem ehemaligen ATW-Areal wurde neues Leben eingehaucht, der Wirtschaftsstandort Schwaz belebt und mit den Stadtgalerien und dem SZentrum Räume der sozialen Begegnung geschaffen. Das bauliche Erbe der Tabakfabrik mag zwar durch den Abriss aus dem Stadtbild verschwunden sein, doch im kollektiven Gedächtnis der Schwazerinnen und Schwazer bleibt die Erinnerung an den historisch gewachsenen Betrieb lebendig.

Dazu trägt auch der Erinnerungsort bei, der auf Initiative von Ing. Günther Berghofer inmitten der Stadtgalerien errichtet und im April 2014 eröffnet wurde. Für die künstlerische Gestaltung konnte der bekannte Tiroler Bildhauer und Maler Helmut Millonig gewonnen werden. Flankiert von historischen Fotografien steht im Zentrum der Erinnerung jenes Portal, durch das bis 2005 tausende Schwazer „Fabrittala" zu ihren Arbeitsstätten in der „Tschiggin" geschritten waren.

Das originale Portal der ehemaligen Tabakfabrik Schwaz wurde zum Erinnerungsort in den Stadtgalerien.

Blick auf die Stadtgalerien am ehemaligen Standort der Tabakfabrik im Stadtzentrum von Schwaz, 2020.

Anmerkungen

Es wurden im vorliegenden Text nur direkte Zitate mittels Endnote belegt.
Ein Verzeichnis der darüber hinaus verwendeten Literatur siehe S. 166.

1 Abraham a Sancta Clara, zitiert nach: Sandgruber, Bittersüße Genüsse, 91–92.
2 Sandgruber, Bittersüße Genüsse, 96.
3 Ebd., 10.
4 Heidegger, Biographische Annäherung, 128–129.
5 [Kyselak], Zu Fuß durch Österreich, 190.
6 Wieser, Einführung, 6.
7 Sandgruber, Bittersüße Genüsse, 167.
8 Ebd., 154.
9 Zit. nach Wieser, Einführung, 8.
10 Medicinisch-chirurgische Zeitung Nr. 57, 16.07.1812, 66.
11 Wieser, Einführung, 9.
12 Hitz/Huber, Tabakregie, 58.
13 Trost, Rauchen, 94.
14 Sandgruber, Bittersüße Genüsse, 114–115.
15 Katholische Blätter aus Tirol Nr. 21, 26.05.1852, 481–482.
16 Innsbrucker Zeitung Nr. 44, 16.08.1848, 196.
17 Innsbrucker Zeitung Nr. 48, 23.08.1848, 214.
18 Ebd.
19 Sandgruber, Bittersüße Genüsse, 151.
20 Journal der Österreichischen Lloyd Nr. 272, 09.06.1849, 2.
21 Innsbrucker Zeitung Nr. 151, 4.07.1849, 626.
22 Bote für Tirol und Vorarlberg Nr. 128, 05.06.1851, 1–2.
23 Innsbrucker Nachrichten Nr. 153, 09.07.1859, 1340.
24 Volks- und Schützen-Zeitung Nr. 120, 30.09.1859, 587–588.
25 Willis, Arbeit, 52.
26 Ebd., 74.
27 Ebd., 71.
28 Allgemeiner Tiroler Anzeiger Nr. 104, 10.05.1910, 5.
29 Wieser, Die k.k. Tabakfabrik, 39.
30 Zit. nach Trost, Rauchen, 96.
31 Sandgruber, Bittersüße Genüsse, 96.
32 Allgemeiner Tiroler Anzeiger Nr. 181, 21.04.1917, 4.
33 Allgemeiner Tiroler Anzeiger Nr. 165, 08.05.1918, 8.
34 Allgemeiner Tiroler Anzeiger Nr. 139, 20.06.1918, 2.
35 Wieser, Tabakfabrik, 12.
36 Innsbrucker Nachrichten Nr. 120, 26.05.1930, 5.
37 Innsbrucker Nachrichten Nr. 118, 24.05.1930, 3.
38 100 Jahre Tabakfabrik, 3.
39 Tiroler Anzeiger Nr. 283, 10.12.1931, 1.

40 Ebd.
41 Ebd.
42 Ebd., 2.
43 Sandgruber, Bittersüße Genüsse, 156–157.
44 Tiroler Anzeiger Nr. 34, 11.02.1936, 5.
45 Tiroler Landesarchiv, BH Schwaz, Zl. 2325/97 ex 1938, zit. nach: Schreiber, 100 Jahre, 155.
46 Ebd.
47 Österreichisches Staatsarchiv, AVFH, WZ 135, 1946, zitiert nach: Willis, Tschiggin, 66.
48 Innsbrucker Nachrichten Nr. 65, 16.03.1940, 5.
49 Innsbrucker Nachrichten Nr. 78, 01.04.1944, 4.
50 Willis, Tschiggin, 72.
51 Lebenserinnerungen Martha Österer, zitiert nach: Walser, Leben, 4.
52 Schweighofer, Familienträume, 105.
53 Brief Rosa Erler an Dr. Hans Lintner, 21.01.2005, dokumentiert in: Stadtarchiv Schwaz, Schuber Tabakfabrik.
54 Lebenserinnerungen Martha Österer, zitiert nach: Walser, Leben, 3–4.
55 ATI 2 (1990), 20–21 und Interview bei Willis, Tschiggin, 121.
56 Willis, Tschiggin, 79.
57 Trost, Rauchen, 181.
58 Willis, Tschiggin, 112.
59 ATI 1 (1997), 22–23, zitiert nach: Willis, Tschiggin, 98.
60 Schweighofer, Familienträume, 118.
61 Willis, Tschiggin, 121.
62 Ebd., 120–123.
63 Ebd., 160.
64 Ebd., 166.
65 Interview mit Günther Berghofer, 06.05.2019.
66 Ziegler, Primat der Produktivkräfte, 34.
67 Ebd., 35.
68 Rathausinfo 1 (2005), Titelseite.
69 Brief Rosa Erler, wie Anm. 53.
70 Tiroler Tageszeitung Nr. 14, 19.01.2005, 5.
71 Der Standard, 20.01.2005, zitiert nach: Schreiber, Privatisierung, 211.
72 Willis, Tschiggin, 166.
73 Tiroler Tageszeitung Nr. 14, 19.01.2005, 5.
74 Tiroler Tageszeitung Nr. 15, 20.01.2005, 1.
75 Rathausinfo 1 (2005), 3.
76 Die Presse, Bezahlte Sonderbeilage Energie & Bauen: Tirol Starkes Land, 22.06.2012, 6.
77 Rathausinfo 9 (2011), 3.

Literatur

Alexander Helmut/Schreiber Horst, 100 Jahre Stadt Schwaz 1899–1999, in: Stadtgemeinde Schwaz (Hg.), Schwaz. Der Weg einer Stadt, Innsbruck 1999, 11–295.

Andreatta Hans/Kandler Klaus, Schwaz: Porträt einer Tiroler Bezirksstadt (Red. Wolfgang Ingenhaeff), Schwaz 1993.

Austria Tabak (Hg.), Die Tabakfabrik Schwaz, Wiener Neustadt 1994.

Benesch Friedrich, 150 Jahre Österreichische Tabakregie 1784–1934, hg. von der Österreichischen Tabakregie, Wien 1934.

Bluhm Detlef, Auf leichten Flügeln ins Land der Phantasie. Tabak und Kultur von Columbus bis Davidoff, Berlin 1997.

Dietrich Elisabeth, Die soziale Frage und die Arbeiterfamilie im Tirol des ausgehenden 19. Jahrhunderts, in: Rerum novarum. Geschichte und Region 2 (1993), Heft 1, 65–79.

Dietrich Elisabeth, Überblick über die Wirtschafts und Sozialgeschichte Tirols zwischen 1850 und 1900, in: Tiroler Heimat. Jahrbuch für Geschichte und Volkskunde 56 (1992), 59–81.

Glauninger Manfred, Woher kommt das Wort Tschick und was bedeutet es? Homepage des Citizen Science-Projekts „In aller Munde und aller Köpfe – Deutsch in Österreich (IamDiÖ)" https://iam.dioe.at/frage-des-monats/woher-kommt-das-wort-tschick/.

Heidegger Maria, „Dass sie Schafe und Böcke zu hüten hatte, kann ja auch umgangen werden." Biographische Annäherung an Therese von Sternbach (1775–1829), in: Siglinde Clementi (Hg.), Zwischen Teilnahme und Ausgrenzung. Tirol um 1800. Vier Frauenbiographien, Innsbruck 2010, 99–134.

Hengartner Thomas/Merkl Christoph Maria, Heilmittel, Genussmittel, Suchtmittel: Veränderungen in Konsum und Bewertung von Tabak in der Schweiz, in: Schweizerische Zeitschrift für Geschichte 43 (1993), 375–418.

Hotter Walter, Die Schwazer „Tschiggin", Teil 3 bis 5, in: Heimatblätter. Schwazer Kulturzeitschrift Nr. 17–19, 1986/1987.

Kannonier-Finster Waltraud/Ziegler Meinrad (Hg.), Ohne Filter. Arbeit und Kultur in der Tabakfabrik Linz, Innsbruck–Wien–Bozen 2012.

Mayr Angelika, Arbeit im Krieg. Die sozioökonomische Lage der Arbeiterschaft in Tirol im Ersten Weltkrieg, Innsbruck 2010.

Naupp Thomas OSB, 1809 – Das Schreckensjahr für Schwaz, Sondernummer der Heimatblätter. Schwazer Kulturzeitschrift, Nr. 65 (2009).

Noflatscher Heinz, Jüdisches Leben in Tirol im 16. und 17. Jahrhundert, Innsbruck-Wien 2013.

Pichler Erich, Wohnbebauung nahe dem Ortszentrum von Schwaz auf dem Gelände der ‚Austria Tabakwerke AG', Diplomarbeit, Innsbruck 1978.

Rupp Herbert, Die Kunst des Rauchens, in: Roman Sandgruber/Harry Kühel (Hg.), Genuss Kunst. Kaffee, Tee, Schokolade, Tabak, Cola. Ausstellung Schloß Schallaburg 1994, Innsbruck 1994, 102–126.

Sandgruber Roman, Die Anfänge der Konsumgesellschaft. Lebensstandard, Konsumgüterverbrauch und Alltagskultur in Österreich im 18. und 19. Jahrhundert, Wien 1982.

Sandgruber Roman, Bittersüße Genüsse. Kulturgeschichte der Genußmittel, Wien–Köln–Graz 1986.

Seewald Hans, Schwaz, Brand und Wiederaufbau (1809–1899), in: Schwazer Buch.

Beiträge zur Heimatkunde von Schwaz und Umgebung (Schlern-Schriften 85), Innsbruck 1951, 244–255.

Schivelbusch Wolfgang, Das Paradies, der Geschmack und die Vernunft. Eine Geschichte der Genußmittel, München 1980.

Schreiber Horst, Privatisierung – Verkauf – Schließung, in: Waltraud Kannonier-Finster/Meinrad Ziegler (Hg.), Ohne Filter. Arbeit und Kultur in der Tabakfabrik Linz (Transblick Bd. 8), Innsbruck–Wien–Bozen 2012, 179–220.

Schreiber Horst, Die Liquidierung der Tabakproduktion in Österreich: „Das ist erfolgreiche Privatisierung, zum Wohle des Unternehmens, zum Wohle der Beschäftigten", in: Ders. u. a. (Hg.), Zwischentöne. Gaismair-Jahrbuch 2016, Innsbruck–Wien–Bozen 2015, 172–181.

Schweighofer Annemarie, Familienträume und Frauenrealitäten. Pensionierte Tabakarbeiterinnen in Schwaz und Tarragona im Vergleich, Diplomarbeit Innsbruck 1990.

Trost Ernst, Rauchen für Österreich. Zur allgemeinen Erleichterung … Eine Kultur- und Wirtschaftsgeschichte des Tabaks in Österreich, Wien 2003.

Walser Evi, Das Leben in der Tabakfabrik um 1949, in: Heimatblätter. Schwazer Kulturzeitschrift 81 (2017), 3–5.

Wieser Franz, Zur Geschichte der Tabakproduktion in Tirol. Der Tiroler Bauerntabak, das „Lauskraut". Sonderdruck aus: Fachliche Mitteilungen der Österreichischen Tabakregie, hg. von der k. k. General-Direktion der Tabakregie, Jg. 5, Heft 3, Wien 1905.

Wieser Franz, Über die Tabakmonopols-Einrichtung in Tirol 1783–1828. Sonderdruck aus: Fachliche Mitteilungen der Österreichischen Tabakregie, hg. von der k. k. General-Direktion der Tabakregie, Jg. 6, Heft 1, Wien 1906.

Wieser Franz, Die k. k. Tabakfabrik zu Schwaz in Tirol. Sonderdruck aus: Fachliche Mitteilungen der Österreichischen Tabakregie, hg. von der k. k. General-Direktion der Tabakregie, Jg. 7, Heft 2, Wien 1907.

Wieser Franz, Die Einführung des Tabakmonopols in Tirol und Vorarlberg, in: 100 Jahre Tabakfabrik Schwaz, hg. von der Generaldirektion der Österreichischen Tabakregie in Wien unter Mitwirkung des Landesverkehrsamtes für Tirol in Innsbruck, o. O. [1930], 4–9.

Wieser Franz, Die Tabakfabrik Schwaz 1830–1930, in: 100 Jahre Tabakfabrik Schwaz, hg. von der Generaldirektion der Österreichischen Tabakregie in Wien unter Mitwirkung des Landesverkehrsamtes für Tirol in Innsbruck, o. O. [1930], 10–17.

Willis Angelika, Arbeit und Tabak in Tirol im Fin de Siècle. Die Tabakfabriken Schwaz und Sacco 1900–1913, Innsbruck 2014.

Willis Angelika, Die Tschiggin. Arbeitsleben und Alltagskultur in der Tabakfabrik Schwaz 1830–2005, Innsbruck 2016.

Wolf Peter Philipp, Kurzgefaßte Geschichte, Statistik und Topographie von Tirol, München 1807.

Ziegler Meinrad, Der Primat der Produktivkräfte und die Demokratie – der Fall der Austria Tabak AG, in: Horst Schreiber/Elisabeth Hussl/Martin Haselwanter (Hg.), Im Zwiespalt. Gaismair-Jahrbuch 2018, Innsbruck–Wien–Bozen 2017, 30–41.

Zu Fuß durch Österreich. Skizzen einer Wanderung nebst einer romantisch-pittoresken Darstellung mehrerer Gebirgsgegenden und Eisglätscher unternommen im Jahre 1825 von Joseph Kyselak, nachgegangen und nachgedacht von Ernst Gehmacher, Wien–München–Zürich–New York 1982.

Abbildungen

Umschlag Vorderseite, 16/17, 19 re., 31, 39, 47, 53, 61, 63, 70, 76, 86/87, 85, 88, 90 o./u., 91 o./u., 92, 93 o., 94, 95, 98, 99, 100, 103 o./u., 106, 109, 112, 116, 117 li./re., 120 o./u., 122, 124 o./u., 125 o./u., 127 o., 128, 129 o., 130 li./re., 141 o., 142 u., 143 o./u., 144 o., 147 o.: JTI Collection, Vienna

Umschlag Rückseite, 10 o./u., 132, 154, 157 o., 158, 159 o./u., 160 o./u., 161, 162, 163 (Foto: droneproject.at), 157 u.: Stadtgalerien Schwaz

Vor-/Nachsatz: stock.adobe.com

6, 12, 13, 15 o., 21 o., 25 u., 28, 33, 42, 43, 54, 55: Tiroler Landesmuseen

7, 93, 129 u., 139 o./u., 141 u., 146: Sammlung Walter Graf

15 u.: www.zeno.org

21 u., 19 li., 41: Österreichisches Tabakmuseum

22, 25 o., 35, 44, 56, 67, 83 u., 96, 97, 97, 108, 118, 135, 136 o./u., 140, 142 o., 144 o., 151 o./u., 156, 147 u.: Stadtarchiv Schwaz

26 (Foto: Gerhard Siegl), 64/65 (Foto: Walter Graf), 69 (Foto: Gerhard Siegl), 113 (Foto: Gerhard Siegl): Schloss Freundsberg

36: Tiroler Landesarchiv

38, 102, 127 u.: 100 Jahre Tabakfabrik Schwaz, herausgegeben von der Generaldirektion der Österreichischen Tabakregie in Wien, 1930

46, 48: Wien Museum

49: Innsbrucker Nachrichten, 03.03.1877, S. 6

50: Karikatur von Carl Emil Jensen, in: Karikatur-Album. Den europæiske Karikatur-Kunst rau de ældste Tider indtil vore Dage. Væsenligst paa Grundlag af Eduard Fuchs, die Karikatur ved C. E. Jensen, København 1912. (Lizenz: CC-BY-SA)

62: Innsbrucker Nachrichten, 14.11.1857, S. 5

66 o./u., 72, 79: Jenbacher Museum

73: Tiroler Anzeiger, 06.04.1911, S. 6

78: Tiroler Anzeiger, 11.09.1909, S. 15

80: Tiroler Anzeiger, 22.06.1914, S. 4

83 o.: Tiroler Anzeiger, 14.04.1916, S. 6

84: Keltenmuseum Hallein | Stadtarchiv Hallein

89: Tiroler Anzeiger, 21.07.1926

104: Tiroler Anzeiger, 10.12.1931

137: Hauni Maschinenbau GmbH

111 o./u., 131: Sammlung Wex, www.6130.at

Tabellen

S. 59: Datenquelle: Handbuch der Behörden, Institute, Vereine und Anstalten im Kronlande Tirol und Vorarlberg für das Jahr 1862

S. 60: Datenquelle: Stadtarchiv Schwaz

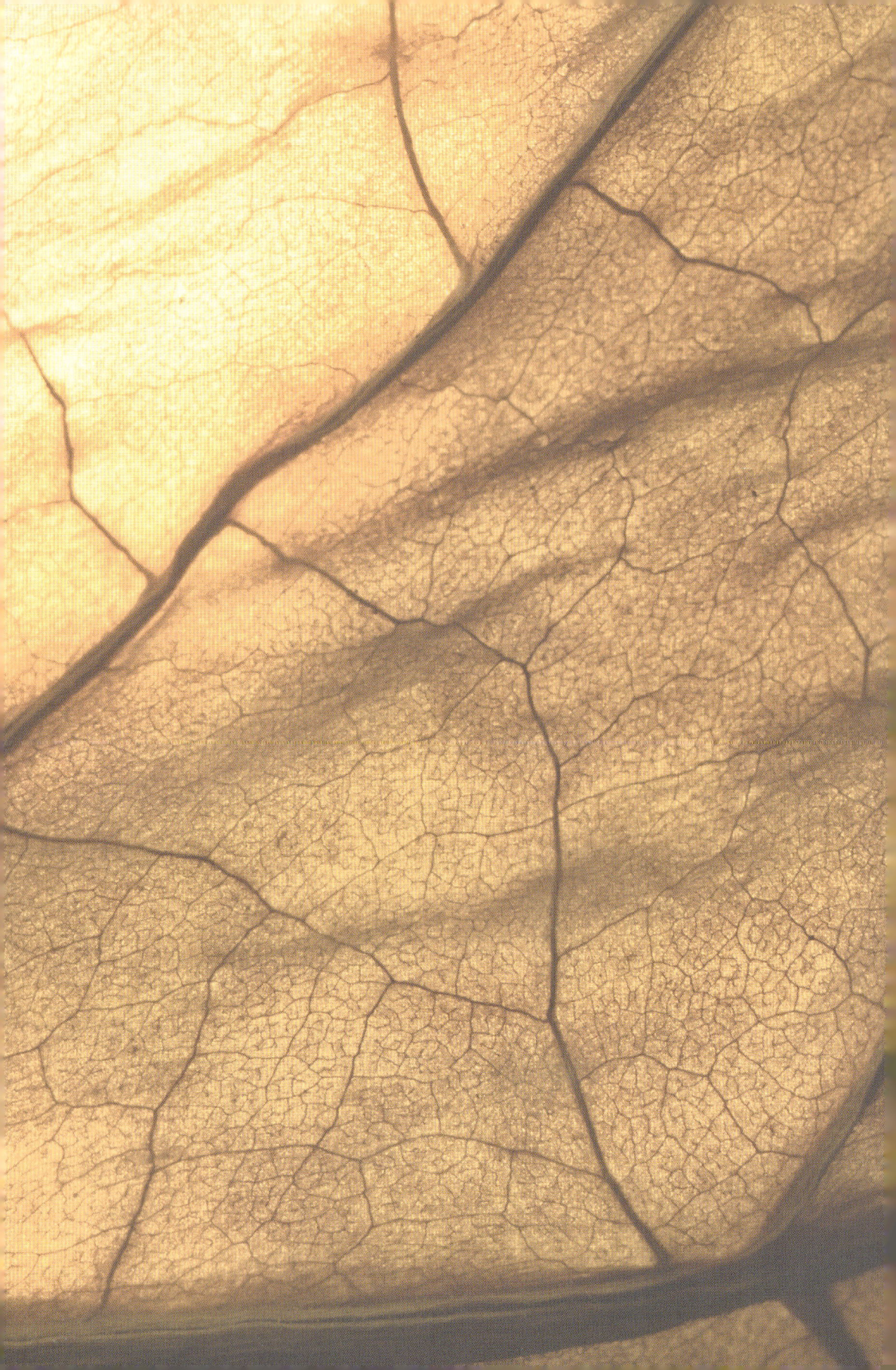